東方選書

漢字の音(おん)

——中国から日本、古代から現代へ

落合淳思　著

東方書店

はじめに

　漢字は古代中国で作られたものであり、象形・指事・会意・形声という4種類の成り立ちがある。このうち象形文字や指事文字は、見た目で分かりやすく、古い時代に魚を表した「鮮」や馬を表した「馬」など、感覚的に理解することができる。

　会意文字については、複数の象形文字を組み合わせて作られたもので、構造が比較的複雑であるが、中国古代の文明と関連づけることで、やはり理解が可能である。例えば、建物（＝广）（宀）に車（車）を納めた状態を表した「庫（庫）」は、中国古代には馬車が用いられていたことを反映している。また、人の正面形である大（大）に横線を加えた「夫（夫）」は、古代中国では男性も成人後は簪を使用する文化があったことを示している。

　一方、形声文字は意符（意味符号）と音符（発音符号）を組み合わせて意味の枠組みと発音を表示した文字であり、論理的に構成されているため、感覚的に成り立ちを理解することが難しい。しかも、もとは中国で作られた文字であるから、歴史上の中国の発音体系を知ることも必要である。

　こうしたわけで、日本では形声文字やその音読みの解説書はほとんど出版されていない。しかし逆に言えば、形声文字の構造を理解し、さらに中国の発音体系も知ることができれば、形声文字は理解が可能なのである。

　本書は、古代中国の発音（上古音）から現代日本の音読みまでを通して形声文字とその発音を解説するものであり、一般書としてはおそらく本邦初（そして世界初）の試みである。その試みが成功したかどうかは読者

の方々の判断に委ねたいが、各文字の解説はできるだけ平易にするように心がけた。

　本書は、まず序章で、古代中国から現代日本まで、漢字の発音の歴史を簡単に述べる。

　そして、第1章では、形声文字とその音符（発音符号）の音読みが一致している文字を取り上げ、形声文字の基本的な構造を理解できるようにする。また第2章では、旧字体の字形や複数の発音がある文字など、文字の歴史的な経緯を含めて知る必要がある文字について解説する。

　第3章からは専門的な内容になる。第3章では、形声文字とその音符について、声母（発音の冒頭の子音）が異なっている文字を取り上げ、どのような過程があったのかを述べる。第4章では、同様に、韻母（発音のうち声母以外の部分）が形声文字と音符で異なっている文字について歴史的経緯を含めて解説する。第5章では、声母・韻母がともに音符と異なっている形声文字を紹介する。

　その後、附論として、漢字の字源と語源の関係性、声母の問題、および発音に関連する地域差・時代差について私見を述べる。そのほか、各章末にコラムを設けたが、ここにも筆者の私見を多く含んでいる。また末尾には索引を兼ねて教育漢字の成り立ちを一覧にした。

　本書の内容は、単に漢字研究の枠組みにとどまるものではなく、国語教育にも関わる。形声文字は、最も字数が多い造字方法であり、その構造や発音体系を知ることで、漢字を読んだり覚えたりしやすくなるのである。本書で取り上げる文字は、教育漢字のうち発音表示があるもの（600文字以上）であり、我々にとってなじみ深い文字を対象としている。

　なお通常は漢字の解説書は縦書きであることが多いが、本書は中国の発音をアルファベット表記しているので、見やすいように横書きとした。

漢字の発音について、詳しくは第3・4章で述べるが、本書の表記方法（歴史的な音写とは別）は、次項の「凡例等」に掲載している。

　追記　本書は、JSPS科研費 19K00616（基盤研究C）の助成を受けており、また、アジア文字研究基盤の構築2：文字学に関する用語・概念の研究（東京外国語大学アジア・アフリカ言語文化研究所の共同利用・共同研究課題）の支援を受けています。この場を借りてお礼申し上げます。

目次

凡例

◈ **本書の発音表記**

　〇本書における上古音・中古音の表記（ローマ字読み）は現代のカタカナ語に近く、それに字音仮名遣い（歴史的字音仮名遣い）や古代日本の発音体系を取り入れたものである。古代における呉音・漢音の音写方法とは異なることは留意していただきたい（結果として声母は呉音に近く、韻母は漢音に近くなっている）。個別の発音については、詳しくは第3・4章で述べる。

　〇声母（国際音声記号の後の [ ] 内にアルファベット表記とカタカナの表記例を挙げた。例は母音として「ア」の段を表記しており、介音の [i] が入ることが多い歯音系・舌音系の一部はそれを反映させた）

喉音　　∅ = [表記なし ア]　　y = [y ヤ]

牙音　　k = [k カ]　　kʰ = [k カ]　　g = [g ガ]　　ŋ = [ng ₍ガ]

　　　　h = [h カ]　　ɣ = [gh ガ]

歯音系　s = [s サ]　　z = [z ザ]　　ɕ = [sy シャ]　　ʑ = [zy ジャ]

　　　　ts = [ts ツァ]　　tsʰ = [ts ツァ]　　dz = [dz ヅァ]

　　　　tɕ = [tsy ツィア]　　tɕʰ = [tsy ツィア]　　ʥ = [dzy ヅィア]

　　　　tʃ = [ch チャ]　　tʃʰ = [ch チャ]　　dʒ = [j ヂャ]

　　　　ʃ = [sh シャ]　　ʒ = [zh ジャ]

舌音系　t = [t タ]　　tʰ = [t タ]　　d = [d ダ]　　n = [n ナ]

　　　　ʈ = [ty ティア]　　ʈʰ = [ty ティア]　　ɖ = [dy ディア]

　　　　ɳ = [ny ニャ]　　ȵ = [nzy ニャ]　　l = [l ラ]　　ʎ = [ly リャ]

唇音　　p = [p ハ]　　pʰ = [p ハ]　　b = [b バ]　　m = [m マ]

　〇介音（[i] と [u] にまとめる）

[i]……拗音表記が可能な場合は拗音表記とし、そうでない場合は各声母の「イ」の段で表記する。

[u]……字音仮名遣いで拗音表記が可能なワ行・クヮ行・グヮ行は拗音表記とし、それ以外は各声母の「ウ」の段で表記する。

[iu]……拗音の「ュ」で表記する。

○主母音(国際音声記号をそのまま使用し、現代日本語の母音分布に近いもので表記する)

[a] [æ] [ɐ] [ɑ] [ɒ]……アの段　　[i]……イの段　　[u]……ウの段

[e] [ɛ]……エの段　　[o] [ɔ] [ə]……オの段

○韻尾(字音仮名遣いで表記する)

[k]……ク　　[t]……ツ　　[p]……フ

ŋ = [ng]……ウ(主母音がエの段はイ)　　[n]……ン　　[m]……ム

◈ 形声文字の表

○表の番号は「章–章内の順番」である。上古音・中古音を記す表の場合、上古音・中古音については、李珍華・周長楫『漢字古今音表(修訂本)』(略称『古今音表』)に基づきアルファベット表記(前述)する。一部、簡略化や誤字の修正をしている。『古今音表』に掲載がない文字については、復元方法が近い郭錫良『漢字古音手冊(増訂版)』などによって補っている。

○配列は形声文字の五十音順とした(呉音・漢音の別がある場合は呉音の五十音順)。本文で成り立ちや発音の歴史を解説した文字は、表のうち形声文字の欄を太字にして表示した。

○常用漢字については、文部科学省が発行している「常用漢字表」に掲載がない音読みには下線を付した。一字二音（呉音・漢音の別ではなく）の場合には、「＋」でつないで表記した。

　○中古音と音読みを記す表の場合、中古音にはローマ字読み（前述）を付した。音符の韻母のうち主母音に僅かな相違があるが、音写としては変わらない場合は韻母を同一と見なした。

　○上古音・中古音・音読みを記す表の場合、上古音・中古音のローマ字読みは省略した。表の記号について、上古音は「古」、中古音は「中」、呉音は「呉」、漢音は「漢」、慣用音は「慣」で示した。呉音・漢音について、字音仮名遣いと現代仮名遣いが異なる場合、「－」でつないで表示した。

❖ **頻出語句**

　○ここでは本書でよく用いられる事項を簡単に説明する（事項名の五十音順）。各事項について詳しくは本文を参照。

意符（いふ）　形声文字のうち大まかな意味を表す部分。

引伸義（いんしんぎ）　原義から派生して出現した意味。発音に変化がある場合でも、転注（てんちゅう）とは違い発音に連続性がある。

韻尾（いんび）　韻母の最後の部分。母音で終わる「陰声」、詰まる発音で終わる「入声（にっしょう）」、鼻濁音で終わる「陽声（ようせい）」がある。

韻母（いんぼ）　漢語の発音のうち声母（せいぼ）（冒頭の子音）を除く部分。「介音」「主母音（ぼいん）」「韻尾（いんび）」に分けられる。

亦声（えきせい）　意味と発音の両方を表す部分。会意文字の一部が発音も表す「会意亦声（かいいえきせい）」と、形声文字の音符が意味も表す「形声亦声（けいせいえきせい）」がある。

音符（おんぷ）　形声文字のうち発音を表す部分。

介音 声母と主母音をつなぐ部分。[i] (開口介音) と [u] (合口介音) の 2 系統がある。

仮借 既存の文字を類似する発音の別の言葉に転用する方法。

漢音 音読みのうち、北方方言の中古音を日本で音写したもので、呉音よりもやや新しい。

漢語 現代中国語を含め歴史上の中国で話されていた言語。

慣用音 日本において本来の音写から変化したもの。

形声文字 大まかな意味を表す「意符」と発音を表す「音符」を組み合わせて作られる文字。

原義 漢字が最初に作られたときに表した意味。

呉音 音読みのうち、南方方言の中古音を日本で音写したもので、漢音よりもやや古い。

『古今音表』 本書が上古音・中古音の表記に利用している李珍華・周長楫『漢字古今音表』の略称。

字音仮名遣い 仮名によって中古音に基づく漢字の発音を表記する方法。現在ではいくつかの表記法があるが、本書は中古音を最大限に反映する方法で表記している。

主母音 韻母の中心となる母音。

上古音 中国古代の発音および発音体系。

声母 漢語の発音のうち冒頭の子音を指す。分類には、唇で発音する「唇音」([p][b] など)、舌先で気道を閉じる「舌音」([t][d] など)、舌と歯の間で空気の摩擦によって発音する「歯音」([s][z] など)、口の奥で発音する「牙音」([k][g] など)、舌の両脇で発音する「辺音」([l] など) などがある。また各々が「清音」([p][t] など) や「濁音」([b][d] など) などに区分できる。

中古音　中国中世の発音および発音体系。

転注　既存の文字を類似する意味の別の言葉に転用する方法。引伸義の場合とは違い、必ずしも発音の連続性はない。

漢語の歴史と日本の音読み

◈ 中国の古代史と上古音

　現在、我々が使っている「音読み」とは、ごく簡単に言ってしまえば、古い中国語の発音を取り入れたものである。それでは、その「中国語」は、いつごろ形づくられたのだろうか。現代の中国語に限れば、近代になって形成されたものであり、さほど歴史は長くない。しかし、その原型は、少なくとも3000年以上前に成立していた。歴史上の中国語全体について、日本では「漢語」と通称される。

　現存最古の漢字資料は、殷王朝の後期（紀元前13〜前11世紀）に作られた甲骨文字である。その文法は、わずかな変化があるものの、後の時代の漢文、そして現代中国語へとつながっており、同一系統の連なった言語としてとらえることができる。

　また、漢語は1つの単語が1つの音節で構成されることが特徴であり、さらに1単語（＝1音節）が1文字で表示された。これも甲骨文字の段階から同じである。個々の文字の発音については、本書で述べていくように歴史的な変化があるものの、甲骨文字の段階で大まかに漢語の発音体系は枠組みとして成立していたと考えられる。

　ただし、甲骨文字の段階では押韻（韻を踏むこと）がおこなわれていないため、個々の文字の発音を正確に推定することは難しい。押韻のある文章が最初に出現するのは西周王朝（紀元前11〜前8世紀）で作られた金文（青銅器の銘文）であり、方法が固定化されたのは、現存の資料では春秋時代（紀元前8〜前5世紀）の詩を集めた『詩経』が最古である。したがって、ある程度正確に発音が推定できるのは、春秋時代以降の資料に限定される。

　中国古代の発音および発音体系を「上古音」と呼ぶ。上古音は春秋時代の後も、戦国時代（紀元前5〜前3世紀）や秦王朝（紀元前221〜前

206年)に受け継がれた（王朝の年数は統一期間。以下も同じ）。

　戦国時代〜秦代の文字資料としては、金文のほか、竹簡（竹の札）や木牘（木の板）に書かれた「簡牘文字」が近年に多く発見されており、これも一部に上古音による押韻が見られる。秦代には、始皇帝によって字形の整理がおこなわれており、これは「篆書（小篆）」と通称される。

　その後、前漢王朝（紀元前202〜後8年）、後漢王朝（36〜220年）でも上古音が使われた。この時代には、筆書に適した「隷書」が発達し、後漢代には盛んに隷書で石碑が作られた。なお、隷書の字形については、篆書を継承したものと戦国時代以来の簡牘文字を受けたものがあり、字形の歴史は単線的にはとらえられないことに注意が必要である。

　以上が中国古代の上古音と文字資料の歴史であるが、ひとくちに上古音と言ってもその時代は1500年以上に及んでおり、内部で若干の差異があったと考えられている。周代（西周〜春秋戦国時代）と秦漢代には、ある程度の違いがあったとする説が有力であり、また殷代と周代にも違いがあった可能性が高い。

◈ **中国の中世史と中古音**

　後漢王朝の末期に、中国は内乱によって混乱に陥り、地方の有力者である豪族が各地で割拠した。後漢王朝の滅亡（220年）以降が中国の中世にあたる。この分裂は西晋王朝（280〜316年）によって一旦は再統一されたものの、豪族の権力は依然として強く、また中国内地に移住したモンゴル系やチベット系などの異民族も力を持つようになっていた。そのため、間もなく内乱が発生して中国は再分裂し、華北地方は異民族が支配し、江南地方は漢民族の王朝が統治するようになった。

　中世に入っても、しばらくは上古音が残ったようであるが、再分裂後

に漢語は変化した。それ以降の発音および発音体系を「中古音」と呼ぶ。大まかに言って、古代中国の発音が上古音、中世中国の発音が中古音である。上古音から中古音への変化については、本書の第3・4章で主に取り扱う。

ただし、上古音がどのように中古音になったのかについて、その経緯は資料が少ないため、よく分かっていない。政治的な分裂自体が発音の変化を招いたことは間違いないが、それ以外にも地方の方言や異民族の発音が影響した可能性もある。また、華北と江南では発音の変化が類似しており、南北間での人的交流も少なくなかったことが窺われる。

中国の分裂は300年近くにわたっており、隋王朝（589〜618）が統一するまで続いた。これ以降は文字や発音の資料が豊富に残っている。

なお、中古音の時代には、発音の字典である「韻書」が作られた。韻書には、個々の文字を声母（音節冒頭の子音）と韻母（音節のうち声母を除いた部分）に分けて表示する「反切」という技法が用いられており、これにより、中古音は上古音よりも正確な推定が可能になっている。

続く唐王朝（628〜907）の時代にも中古音が使われた。唐王朝には、当時の世界でイスラム王朝と並んで最も進んだ文明があり、政治的にも文化的にも優れていたため、周辺地域の国々が競って唐の制度や文化を輸入した。

日本も同様であり、奈良時代から平安時代の初期には、遣唐使などによって八省の制度（唐の三省六部が元になっている）や公地公民の制度（唐の均田制が元になっている）などを取り入れた。そのほか、服装・食事・建築などとともに、言葉についても中国から多くを学んだ。

❖ 日本の呉音と漢音

　日本は、後漢王朝の時代（日本では弥生時代）から中国と交流があったが、漢語の発音が多く入ってきたのは古墳時代になってからである。特に6世紀中葉には仏教が伝来し、主に江南地方の王朝（南朝）から仏典の読み方として漢語の発音が流入した。

　こうして学ばれた漢語の発音は、当初は外来語であったが、日本は仏典以外にも中国の文化を多く取り入れ、その呼び名も漢語で言い表したため、徐々に制度や生活の一部として漢語の読み方が国語として定着した。これが日本の「音読み」である。なお、南朝から流入した発音は「呉音」と称される。

　その後、中国が隋によって統一されると、正式な国使として遣隋使が派遣され、隋の後を受けた唐王朝の時代にも遣唐使が送られた。彼らが隋や唐の都で直接に学習した発音は、「漢音」と呼ばれる。

　大まかに言って、呉音はやや古い中古音を元にしており、南方の方言に学んだものである。一方、漢音はやや新しい中古音に基づいており、唐の都である長安など北方の方言に学んだものである。

　日本では、朝廷においては中国の都で学ばれた漢音が正当な発音とされたが、一方で、仏教界では師祖たちが実際に聞いて学んだ発音として呉音が重視された。2つの発音体系の対立は、両者ともに譲らなかったため、結局、日本では呉音と漢音が併用されることになった。

　現在でもその状況は続いており、文字によって呉音が使われたり漢音が使われたりしている。また、同じ文字でも熟語になると前後につく文字によって呉音と漢音が変わる場合もある。中には「末期（マツゴ・マッキ）」のように、同じ漢字表記でも呉音と漢音で意味が変わる場合もある。

　一般的に言って、仏典に由来するものや、より古くに日本に入ってきた

ものは呉音であることが多い。一方、遣唐使などによって輸入された制度や文化に関係するものは漢音で読まれることが多い。音読みは中国の歴史だけではなく、日本の歴史も反映しているのである。各文字の呉音と漢音については、第3・4章で詳しく述べる。

なお、朝鮮半島やベトナムなどでも中古音が学ばれたが、日本のように複数の系統を併用することがなかった。日本は、訓読みも含めて、漢字の読み方が最も複雑になっており、学習を難しくする要因になっている。しかし、多様な語彙や豊かな表現をもたらしたのも事実であり、一長一短と言えるだろう。

◈ 近古音と唐音

中国は、唐の滅亡後に近世に入る。100年近い分裂時代を経て成立した北宋王朝（979～1127年）は、高度な官僚制を構築しており、また、官僚層（士大夫層）によって文学・歌曲の制作や古典の研究なども盛んにおこなわれた。

近世にも発音の変化があり、総称して「近古音（近代音とも）」と呼ばれる。中古音と比較して最も大きな違いは、「鉄（テツ）」や「陸（リク）」などの詰まる音（末尾が無声子音になる発音で入声と呼ばれる）が消滅したことである。現代中国の標準語でも、それぞれ鉄は [tiě ティエ] になり、陸は [lù ル] になっている。

ちなみに、日本・朝鮮半島・ベトナムのほか、中国の南部で使われている粤語（広東方言）や閩語（福建方言）などでは、今でも入声に由来する読みが使われており、いずれも中古音の発音体系を残すものである。

また、発音が [ng] で終わる文字は、それまでの音読みでは「ウ」や「イ」で音写されていたが、近古音の音写では「ン」になっている。

日本は、近世の中国王朝とはほとんど国交がなかったが、民間貿易や仏僧の往来などがあり、近古音についても学ばれた。日本で近古音を取り入れた音読みのことを「唐音」と呼び、行灯（アンドン）や王朝名の明（ミン）・清（シン）などがある（いずれも元は [ng] で終わる発音）。ただし、日本では唐音が使用されることは少なく、本書は呉音と漢音を主に取り上げる。

　なお、呼称と時代の関係が分かりにくくなっているが、漢の滅亡後、主に唐の時代に学ばれたのが「漢音」であり、唐の滅亡後に学ばれたのが「唐音」である。ここで言う「漢」は、「漢王朝」の意味ではなく、「漢字」や「漢民族」など中国の代名詞として使われている。つまり、「中国の正統な発音」として「漢音」と呼称されたのである（呉音の呉は江南地方の意味）。「唐音」の「唐」も同様に、「唐王朝」の意味ではなく、「唐様」や「唐辛子」など、中国あるいは海外の代名詞として使われたものである。

　時代区分についても食い違いがあり、中国の中世（後漢滅亡〜唐代）は、日本ではおおよそ古代（古墳時代〜平安時代）にあたる。

◈ 現代仮名遣いと慣用音

　中古音の時代の漢語は、日本語よりも発音の種類が多かったのだが、それでもなお、できるだけ元の発音に近い音写が心がけられた。やはり当初は外来語だったので、より正確な発音が重視されたのである。

　このような中古音の発音を反映した音読みについて、それを仮名で表記する方法は「字音仮名遣い（あるいは歴史的字音仮名遣い）」と呼ばれ、多種の発音が使われている。例えば、「急」は中古音の [kiep] を反映して「キフ」と音写され、同じく「球」は中古音の [kiəu] から「キウ」、「弓」は中古音の [kiung] から「キュウ」と読まれた。

　一方、現代の日本では古い発音区分が意識されなくなっており、急

（キフ）・球（キウ）・弓（キュウ）は、いずれも「キュウ」になっている。こうした簡略化した音読みや仮名の使い方は、「現代仮名遣い」に該当する。

　そのほか、日本における音読みでは、本来の呉音や漢音から外れた読み方が使われることもあり、こうした音読みを「慣用音」と呼ぶ。慣用音が出現する理由については、呉音と漢音を折衷したもの、子音や母音が変化したもの、あるいは読み間違いが定着したものなど、さまざまである。

　ここまでに述べたように、我々が「音読み」として使っている発音は、上古音（古代中国）→中古音（中世中国）→字音仮名遣い（古代日本）→現代仮名遣い（現代日本）と、長い歴史を経て伝わったものなのである。本書は、古代中国の上古音から現代日本の音読みまで、発音の歴史について解説する。

上古音以前の漢語

　本章の冒頭で述べたように、少なくとも股代後期の段階で漢語の枠組みは成立していた。それでは、漢語の歴史はどこまで遡れるのだろうか。実のところ、現状では股代前期あるいはそれ以前の文字資料がほとんどないため、残念ながら直接的に論証することは不可能である。

　ただ、近年の言語学の研究（発音の近似・相違から分岐年代を分析する方法）によれば、新石器時代（紀元前6000〜前2000年ごろ）のうちに祖語（祖先の言語）から分かれたと推定されている。黄河中流域では、紀元前6000年ごろに定住の農耕文明が発生したので、それが契機になったのであろう。

　また、紀元前4000年ごろの土器には、黄河中流域で最古の記号が使用されているが、その一部はすでに漢字とよく似た形になっているので、そのころには漢語またはその原型が存在し、記号とともに後の時代に継承されたのではないかと筆者は考えている。

　漢語がどのような経緯で成り立ったのかについても異論がある。漢語は、チベット・ビルマ語派、およびタイ語派とともに、「シナ・チベット語族」を構成している。これらのうち、発音体系については、漢語はチベット・ビルマ語派の方に近い。一方、文法の面から見ると、漢語は「他動詞―目的語」の語順であり、これはタイ語派に近い（チベット・ビルマ語派では「目的語―他動詞」の語順）。

　そこで、大きく分けて次の2つの説が出てくることになる。ひとつは、漢語はチベット・ビルマ語派から分かれたもので、文法についてタイ語派

から影響を受けたとするものである（図 A-1）。もうひとつは、漢語はタイ語派から分かれたもので、発音体系についてチベット・ビルマ語派から影響を受けたとするものである（図 A-2）。

　最古の漢字資料である殷代後期の甲骨文字には、例は少ないが、「目的語―他動詞」の語順になったものがあり、さらに、甲骨文字の初期には見られるが末期にはほとんど見られなくなるという特徴がある。したがって、それ以前から文法の影響を受けていて、殷代後期にようやく固定化したと見なし、A-1 が正解に近いとする考えが近年では有力になっている。

　もっとも、当時の中国大陸における言語分布はほとんど分かっていないので、こうした単純な関係ではなかったかもしれない。後代でも、北にはモンゴル語などアルタイ諸語があり、南にはベトナム語などオーストロアジア語族があり、古くはそれらの人々が中国内地に居住していた可能性もある。さらに、近年の考古学の研究では、墓葬の DNA 分析により、戦国時代ごろの山東省ではインド・ヨーロッパ語族の人口が多かったとする説もある。漢語は、あるいはシナ・チベット語族以外から影響を受けて成立したものかもしれない（なお、近年にはタイ語派の帰属にも異論があり、漢語とは別の語族とする見方が有力になってきている）。

図A　漢語の成り立ちに関する説

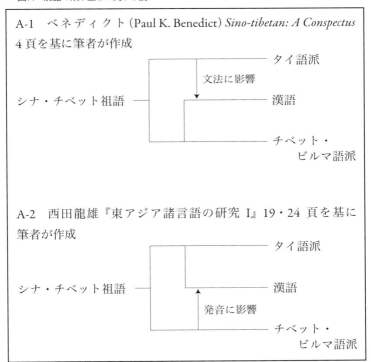

A-1　ベネディクト（Paul K. Benedict）*Sino-tibetan: A Conspectus* 4頁を基に筆者が作成

シナ・チベット祖語 ─── タイ語派
　　　　　　　　　　　文法に影響
　　　　　　　　　　　　　漢語
　　　　　　　　　　　　　チベット・ビルマ語派

A-2　西田龍雄『東アジア諸言語の研究 I』19・24頁を基に筆者が作成

シナ・チベット祖語 ─── タイ語派
　　　　　　　　　　　　　漢語
　　　　　　　　　　　発音に影響
　　　　　　　　　　　チベット・ビルマ語派

第1章

形声文字と音符

◈ 漢字の成り立ち

漢字の成り立ち(字形の構造)には、大きく分けて象形・指事・会意・形声の4種類がある。

象形とは、物体の形を象った文字であり、原始的な絵文字から発達したものである。手足を広げた人を表した「大(木)」や火が燃える様子を表した「火(火)」など、見た目で表現をした文字である(カッコ内は甲骨文字の字形。以下も同じ)。

指事とは、記号を使って部位や状態を表した文字である。川(川)の中州を示した「州(州)」や、大(木)の下に地面を表す横線を加えて人が立っている様子を表した「立(立)」などがある。

会意とは、複数の象形文字を組み合わせて動作や様子を表す方法であり、人(人)が木(木)にもたれて休んでいることを表した「休(休)」や、女(女)が子(子)をいつくしんでいる様子を表した「好(好)」などがある。

筆者は、これまでに『漢字の字形』(中公新書)と『漢字の構造』(中公選書)を公刊している。前者では、主に象形文字と指事文字について、その字形の歴史を解説した。後者は、主に会意文字について、それが作られる背景となった中国古代の社会や文化について述べた。興味があれば参照していただきたい。

◈ 形声文字の構造

本書のテーマは漢字の発音であり、それに最も深く関わっているのが形声である。

形声とは、2つの文字を組み合わせる方法であり、一方が大まかな意味を表し、もう一方が発音を表している。例えば、「銅」は「金(かねへん＝金)」が意味を表し、また「同(ドウ)」が発音を表しており、「金属に関係

してドウと呼ばれるもの」の意味で作られた文字である。また、「姉」は「女（おんなへん＝女）」が意味を、「市（シ）」が発音を表示しており、「女性に関係してシと呼ばれるもの」を表している。

このように、形声文字は、意味を表す部分と発音を表す部分を組み合わせた文字である。そのうち意味を表す部分を「意符」と呼び、発音を表す部分を「音符」と呼ぶ（意符は「義符」、音符は「声符」とも呼ばれる）。

形声は、意味と発音によって論理的に文字を構成する方法であり、最も遅くに出現したと考えられている。実際に、最古の漢字資料である殷代の甲骨文字でも比率が低い。しかし、既存の文字を意符と音符に使うことで新しい文字を作ることができるので、最も効率的な文字の生産方法である。しかも、象形文字のように見た目で意味が分かる必要がなく、また会意文字のように組み合わせの位置や向きを気にすることもない。

そのため、西周代以降には形声によって多くの文字が作られた。また、形声は見た目によらない抽象的な表現であるため、戦国時代以降に儒家や道家などの思想家が活躍し、抽象的な議論をするようになると、形声文字の数はさらに増加した。こうして最終的に、形声文字は漢字の9割以上を占めるようになった。

本書が取り上げる漢字は、現在の日本で小学校の教育漢字とされている文字のうち、発音の表示を含むものである。1年生〜2年生で学習する文字には、殷代から使われているものが多く、象形文字や会意文字の比率が高い。しかし、3年生〜6年生で学習する文字には抽象的な意味のものが多く、そのため形声文字の比率が高い。

❖ 形声文字の部首

序章で述べたように、漢字の音読みは中国古代の上古音から継承さ

れたもので、中国中世の中古音や日本の字音仮名遣いを経て、現在の形になっている。そのため、音符を特定することで音読みを理解するという方法が現在でも有効である。また、同じ音符を使っている文字（文字群）は、音読みも同じであることが多く、形声文字の構造を知ることは、漢字の字形だけではなく、音読みを覚える手助けにもなる。

　個々の形声文字について、その構造を理解するために重要なことは、「部首は何か」という点である。原則として、漢字は意符が部首とされるので、逆に、「部首ではない方が音符」ということになる。

　部首として分かりやすいものには、氵（さんずい）や言（ごんべん）などがあり、氵は河川や液体に関係する文字、言は言葉に関係する文字に使われる部首である。例えば、河・洗・洋は、いずれも氵が部首であり、それぞれ可（カ）・先（セン）・羊（ヨウ）が音符である。また、課・記・訪は、いずれも言が部首であり、それぞれ果（カ）・己（キ）・方（ホウ）が音符である。

　漢字でよく使われる部首を表1-1に挙げた。なお、部首の名前は現代日本における通称であり、正式名称は決められていない。

表1-1　形声文字でよく使われる部首（基本形の画数順）

部首	通称	部首として使われる枠組み
人・イ	ひと・にんべん	人間やその間の関係
刀・刂	かたな・りっとう	刃物やそれを使った行動
力	ちから	農業および力を使う行為
口・口	くち・くちへん	口・声・言葉や器物
土・土	つち・つちへん	土・土地や土で作るもの
宀	うかんむり	建築物
广	まだれ	大きな建築物
艹	くさかんむり	草や草で作るもの
阝	こざとへん	階段・屋内や丘に関わるもの
木・朩	き・きへん	樹木や材木

部首	通称	部首として使われる枠組み
辶	しんにょう	道や行くこと
心・忄・小	こころ・りっしんべん・したごころ	感情や意思
手・扌	て・てへん	手や手を使った行動
攵	のぶん	道具を使った行為や強制
日・日	にち・にちへん	太陽や日付
水・氵	みず・さんずい	河川や液体
竹	たけかんむり	竹や竹で作るもの
糸・糸	いと・いとへん	繊維やその製品
言・言	ことば・ごんべん	言葉やそれに関係する行動
貝・貝	かい・かいへん	財貨や商売

◈ 部首の形と意味の変化

　楷書では、部首は付く位置によって形が変わることもある。「木」と「朩」や、「言」と「訁」のように、単純に細長くなるだけのこともあれば、「人」と「亻」や「刀」と「刂」のように、形状が変化する場合もある。さらに、「手」と「扌」や、「心」と「忄」のように、画数までも異なることがある。

　隷書や楷書において、漢字が筆で書かれるようになると、成り立ちよりも文字の美しさが重視されるようになった。そのため、本来は同じ部首は同じ形だったのだが、文字のバランスを保つため、位置によって筆画を変えるようになったのである。

　表 1-1 のうち、「人・亻」と「水・氵」の字形の歴史を次に挙げる。秦代の篆書（小篆）と楷書を除き、いずれも甲骨文字・金文・簡牘文字など、その時代に作られた漢字資料の字形を表している。時代については、「殷」は殷代後期（紀元前 13～前 11 世紀）であり、「西周」は西周代（紀元前 11～前 8 世紀）、「東周」は東周代（春秋戦国時代に該当、紀元前 8～ 3 世紀）の字

形である。

　「秦」については、統一王朝期（紀元紀元前221〜前206年）だけではなく、戦国時代末期（紀元前3世紀）の諸侯時代の漢字資料を含んでいる。「隷書」は後漢代（西暦36〜220年）の石碑の字形である。

　「→」や「↓」などは推定される継承関係を示し、また、複数の時代でほぼ同様の字形が使われている場合には「＝」でつないで同じ字形を表示した。以後に字形表を挙げる場合も、同じ方法で作成している。

　なお、本書は漢字の発音がテーマなので、できるだけ異体字は省いて表を簡略化している。字形史の詳細を知りたい場合には、拙著『漢字の字形』（中公新書）や『漢字の構造』（中公選書）、または『漢字字形史小字典』（東方書店）を参照していただきたい。

　まず「人・イ」であるが、元は立っている人の側面形（⌐）であり、左に突き出た短線が手、そのほかが人の頭部・胴体・足である。古い形を比較的よく残しているのは楷書のうち「イ」である。一方、西周代以降には、人の向きをやや変えた「ㇵ」も併用されており、さらに秦代に字形を大きく変えたのが「𠤎」である。これを継承したのが楷書の「人」であり、一画目が人の頭部と手、二画目が胴体と足である。

人・イの字形史

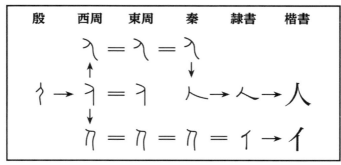

「水・氵」は、元は川の流れを表した形（⿰）であり、こちらは楷書のうち「水」が元の形をよく残している。一方、「氵」は隷書で大幅に簡略化されたものであり、おそらく文字の右の部分を省き、さらに縦画も点に変えたものである。

漢字には、こうした長い歴史があるのだが、その中で意味が変化し、同一の部首が複数の意味に使われることも多い。例えば、川の象形の「水（氵）」は、当初は「かわ」の意味で河川に関係する文字の部首に使われていたが、後に「みず」の意味でも使われるようになり、さらに広く液体全般の意味に使われるようになった。

同様に、「日」は太陽が原義であるが、「日付」としても転用されたため、その意味で部首に使われることもある。また「攵（のぶん）」は、手に棒などの道具を持った形であり、元は叩いたり作ったりする様子を表したが、後に人為や強制といった抽象的な意味にも使われるようになった。

部首は、同一の形が全く別の意味に用いられることもある。例えば、口（⿺）は口の象形であり、口や言葉に関係する文字の部首として使われるが、器物の形（⿺）とほぼ同型であるため、形声文字の一部には「器物に関係するもの」として「口」を意符に使う例もある。同様に、「阝（こざとへ

水・氵の字形史

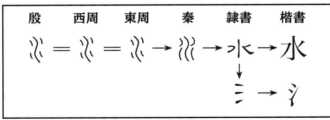

ん）」は、当初は階段の象形（阝）であり、階段や屋内の構造物に関係する文字に使われたが、後代に字形が近い丘の形（阝）と混同し、その意味でも部首に使われるようになった。

◈ 形声文字の意符と原義

　前項で見たように、部首は時代が降ると意味が増えるという傾向があるが、それは個々の文字にも見られる現象である。こうした場合、漢字の最初の意味を「原義（げんぎ）」と呼び、派生して出現した意味を「引伸義（いんしんぎ）」と呼ぶ。

　漢字に原義と引伸義があることは、形声文字にも該当する。そして、原義と引伸義の相違によって文字の成り立ちが分かりにくくなる場合もある。ここでは、形声文字のうち、音符と音読みに違いはないが、現在では成り立ちや原義が分かりにくくなっているものを紹介したい。

　「測」は意符が「水（氵）」、音符が「則（ソク）」であり、原義は水深を測ることであった。そこから引伸義で一般に「はかる」の意味で使われるようになった。また「際」は階段や屋内に関係すること表す「阝（こざとへん）」が意符、「祭（サイ）」が音符の形声文字であり、原義は壁の継ぎ目であった。そこから引伸義で一般に「きわ」の意味で使われるようになった。

　このように、より一般化する方向で引伸義が作られること多く、そうした場合には、意符と原義の関係が分かりにくくなるのである。

　同様の例として、「級」は機織り（はたお）での糸の順序を表していたため「糸（いとへん＝糸）」を意符とするが、後に一般に順序の意味になった。「構」は家屋など木製の構造物を表していたため「木（きへん＝木）」を意符とするが、後に広く「構造」や「かまえ」の意味に使われた。

　そのほか、文字が指す対象が変化することもある。例えば「紙」は、当初は繊維製品をほぐしたものなどを原料としていたので「糸」を意符とし

ているが、後に木や草を原料とするようになったので、字形との乖離を生じた。また「宇」は、元は屋根や軒を表していたので家屋の象形である「宀（うかんむり）」を意符とするが、現在では「宇宙」として使われている。

　引伸義のほかにも、文字の意味が増加する理由があり、そのひとつが「仮借」と呼ばれる使い方である。これは、別の文字の発音によって言葉を表現する用法であり、発音を借りた当て字である。

　例えば、「創」は刀が変形した「刂（りっとう）」が部首であり、原義は創傷（刀で傷つくこと）であった。しかし、仮借の用法で「はじめる」や「つくる」の意味に使われるようになり、日本ではこの意味で主に用いられる。また、「案」は意符が「木」であり、原義は「木で作られた机」であったが、これも仮借の用法で「かんがえる」などの意味で使われるようになった。

　このように、現在では意符と原義の関係が分かりにくい文字でも、成り立ちにまで遡ることで、それが理解できるようになる。

◈ 亦声の音符

　形声文字のうち、意符（部首）は大まかな意味によって選ばれたことが確認できた。それでは、音符はどのようにして選ばれたのだろうか。

　その方法には大きく分けて2種類がある。ひとつは音符が純粋な発音符号としての役割になっているものであり、もうひとつは音符が文字の意味にも関係しているものである。

　後者の例として、「晴」や「粉」などがある。晴は、「日」を意符、「青（セイ）」を音符とし、晴天を意味する形声文字であるが、「青」は晴天の「青い空」も意味している。また、「粉」は「米」を意符、「分（フン）」を音符とする形声文字で、米の粉が原義であるが、「分」は「細かく分けられたもの」の意味も表している。

このように、音符には発音だけではなく意味も表すものがあり、これを「亦声（えきせい）」と呼ぶ。

歴史的に見ると、亦声が出現する原因として、初形に意符が追加される例が多い。その例として「館」と「泳」を挙げる

官（官）は、建物の象形の宀（⌒）の中に軍隊を象徴する𠂤（𠂤）がある形の会意文字であり、軍隊が宿泊する建物を表している。その後、戦国時代に官僚制が発達すると、この文字が「官吏（かんり）（役人）」の意味で使われるようになった。そのため、原義については秦代に「食（食）」を加えた「館（館）」で表示されるようになり、「食事を提供する場所」を表している。

楷書の「館」は、構造としては「食（食）」を意符、「官（カン）」を音符とする形声文字であるが、「官」は本来は原義（「館」の意味）を表示していたので、意味も表す亦声に該当する。

永（永）は、人（亻）と水滴を表す小点、および行くことを象徴する彳（彳）から成っており、人が泳ぐことが原義である。これも、「ながい」などの意味に転用されたため、秦代に意符として水（水）を加えた「泳（泳）」が作られた。楷書の「泳」は、「水（氵）」を意符、「永（エイ）」を音符とする形声文字であるが、「永」は原義を表示していた部分であり、亦声にあたる。

官・館の字形史

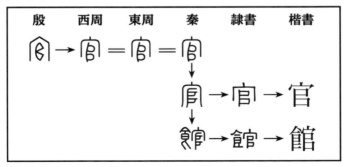

❖ 音符の交換と多重性

　一方、漢字には、純粋な発音符号として音符が使われた形声文字も多い。その場合、同じ発音であればどの文字を音符としてもよいのであるから、歴史的に音符が変えられることもある。

　例えば、「語」は「吾（ゴ）」を音符とする形声文字であるが、歴史上では「五（ゴ）」を音符とする例も見られる。また、線は「泉（セン）」を音符とする形声文字であるが、資料によっては「戔（セン）」を音符とする場合もある。ちなみに、戔は略体が「戋」であり、教育漢字でも銭（セン）や浅（セン）などの音符に使われている。

　そして、きわめて特殊な例として「幹」がある。木の幹を表す文字は、本来は「榦」であり、「木」を意符、「倝（カン）」という文字を音符とする形声文字であった。もし音符を交換するのであれば「倝」の方を変えなければならないが、この文字の場合には誤って意符の「木」が音符の「干（カン）」に変えられてしまった。そのため、現在使われている「幹」は、2つの音符を重ねた特殊な構造になっており、漢字の四種の成り立ちに収まらなくなっている。

　また、形声文字については、音符として形声文字を使用することも可

永・泳の字形史

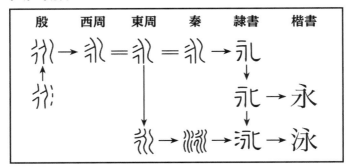

能であり、構造が多重化することも少なくない。

例えば、「個」は「人（亻）」を意符、「固（コ）」を音符とする形声文字であるが、「固」もまた「古（コ）」を音符とする形声文字である。「估」と書けばよさそうであるが、実は「估」は、「商人」の意味で別に作られており、そのため新しく作られた「個」は、「古」ではなく「固」を音符として選択したと考えられる。

このように、形声文字の音符は多重化することが特徴であり、同様に、「荷」は「何（カ）」を音符とし、「何」は「可（カ）」を音符としている。また「誌」は「志（シ）」を音符とし、「志」は「士（シ）」を音符とする。

教育漢字に限定しなければ、形声文字を音符にした文字を、さらに音符にした文字もあり、藩（藩—潘—番—釆）や瀞（瀞—靜—青—生の略体）などが挙げられる。

◈ 音符が分かりにくい文字

ここまでに述べたように、形声文字は、大まかな意味を表す「意符」と発音を表す「音符」を組み合わせた文字であり、原則として意符が部首になる。そうであるから、部首（意符）が分かれば消去法で音符も特定できることになるのだが、それが難しい文字もある。

まず音符が分かりやすい文字を先に挙げると、意符が音符として全く使われないか、ほとんど使われないものが該当する。

例えば、「木・言・阝・糸」などの偏（文字の左側に付くもの）は、ほとんどが部首（意符）としての用法であるから、「格・議・際・縮」はそれぞれ旁（文字の右側に付くもの）の「各・義・祭・宿」が音符であることが明瞭である。

偏以外でも、部首として使われやすい「艹・灬・辶・广」などは意符であることが分かりやすく、「花・照・速・府」は部首ではない部分の「化・

昭・束・付」が音符であると判断できる。

　一方、旁になる部首は分かりにくいものが多い。「預・放・刊」はそれぞれ「頁（おおがい）・攵（のぶん）・刂（りっとう）」が部首（意符）であり、「予（ヨ）・方（ホウ）・干（カン）」が音符である。

　さらに、意符でも音符でも使われる文字を組み合わせた形声文字は、より音符が分かりにくい。例えば「問」は、一見すると「門（もんがまえ）」が部首に思われるが、実は「口」を意符、「門（モン）」を音符とする形声文字であり、「口でおこなうモンという行為」を表している。もし「呵」としていれば、まだ分かりやすかったのだが、「門」は中央にスペースがあり、「口」は画数が少ないため小さく書けるので、「問」の方が字形のバランスがよかったのであろう。

　そのほか、部首が通常とは違う位置や形状になっている文字も構造が分かりにくいので、注意が必要である。

　例えば、「町」は「田」を意符、「丁（チョウ）」を音符とする形声文字で、原義は田のあぜ道であるが、「田」が「丁」よりも高い位置に書かれることが多いので、文字の構造が分かりにくくなっている。また、「裏」は、「亠（なべぶた）」が部首に見えるが、実は「衣」を分割したものが意符である。「里（リ）」を音符とする形声文字であり、「衣服の内側（裏側）」が原義である。

　部首には、異なるものが同形になる現象も見られ、阝（こざとへん）と阝（おおざと）、月（つき）と月（にくづき）などがある。「こざとへん」は「阜」を起源とし、「おおざと」は「邑」を起源とするが、楷書に至る過程で簡略化されて同型になった。「にくづき」については、元々「月」と近い形で混同しやすく、むしろ「肉」の方が楷書で書き分けられた形である。

　「こざとへん」と「にくづき」は左に付いて偏となり、「おおざと」と「つき」

は右に付いて旁になることが多いので、位置によってある程度の判断はできるが、例外も存在するので絶対的な基準にはならない。

◈ 会意文字の亦声

　発音符号を含む文字は、形声文字に限られない。複数の象形を組み合わせて作られる会意文字でも、いずれかの部分が文字の発音と同じか近い場合、これも発音の表示と見なされ、意味と発音の両方を表す亦声とされる。

　ただし、会意文字は複数の象形を組み合わせて意味を表示しているので、発音の一致には気づきにくい。

　例えば「友」は、いずれも手の形である「ナ」と「又」を組み合わせて、手に手を取る様子を表した会意文字であるが、又（ユウ）は友（ユウ）と発音が同じであり、亦声とされる。また、「警」は、戒めるの意味がある「敬」と、言葉を意味する「言」を組み合わせ、「戒める言葉」を表した会意文字であるが、「敬（ケイ）」は「警（ケイ）」と発音が同じであり、これも亦声にあたる。

　形声文字の音符が意味も表す場合、および会意文字の一部が発音も表す場合、いずれも「亦声」と呼ばれる。両者を合わせて「会意兼形声」とする分類方法もあるが、区別してそれぞれ「形声亦声」「会意亦声」とする呼称もある。本書は、より詳細な区分である後者を用いる。

◈ 音符と発音が一対一の関係になる文字

　本章では、漢字の発音について、音読みが音符と同じ文字を中心にして解説した。ここでは、音読みが音符と一対一の関係として理解できる文字を一覧表として挙げる。

次章以降で述べるように、実際には複数の音読みがある文字も多い
のだが、文部科学省が発行している「常用漢字表」に記載された音読
みで、文字と音符（音符が常用漢字でない場合は一般的に使われる音読み）がそ
れぞれ一種のみで、かつ文字と音符が同一の音読みになるものを取り
上げた。

　表1-2には会意文字の亦声も含んでおり、その場合、「音符」の欄に
は亦声の部分を掲載した。

　表では、「漁（リョウ、「大漁」など）」や「格（コウ、「格子」など）」のように、中
古音やそれに基づく音読みから大きく外れた慣用音・唐音は考慮してい
ない。また、結果的に慣用音で一致した文字（第3・4章で述べる）について
は、この表に編入している。

　表1-2は音読みの順で挙げている。音読みが同じ場合には基本的に
は形声文字の画数順である。ただし、同一の音符を使用している文字や、
形声文字とそれを音符とする文字は連続して配置した。本章で成り立ち
や発音の歴史を取り上げた文字は太字にしている。

表1-2　音符と音読みが一対一でかつ同一になる形声文字

文字	音読み	音符	音符の音読み
案	アン	安	アン
宇	ウ	于	ウ
雲	ウン	云	ウン
泳	エイ	永	エイ
沿	エン	㕣	エン
媛	エン	爰	エン
何	カ	可	カ
河	カ	〃	〃
荷	カ	何	カ
歌	カ	哥	カ

文字	音読み	音符	音符の音読み
課	カ	果	カ
芽	ガ	牙	ガ
界	カイ	介	カイ
械	カイ	戒	カイ
階	カイ	皆	カイ
格	カク	各	カク
閣	カク	〃	〃
確	カク	寉	カク
刊	カン	干	カン
幹	カン	倝	カン
		干	カン
慣	カン	貫	カン
管	カン	官	カン
館	カン	〃	〃
机	キ	几	キ
基	キ	其	キ
旗	キ	〃	〃
寄	キ	奇	キ
機	キ	幾	キ
議	ギ	義	ギ
吸	キュウ	及	キュウ
級	キュウ	〃	〃
救	キュウ	求	キュウ
球	キュウ	〃	〃
漁	ギョ	魚	ギョ
協	キョウ	劦	キョウ
胸	キョウ	匈	キョウ
橋	キョウ	喬	キョウ
近	キン	斤	キン
係	ケイ	系	ケイ

文字	音読み	音符	音符の音読み
型	ケイ	刑	ケイ
警	ケイ	敬	ケイ
潔	ケツ	絜	ケツ
憲	ケン	寠	ケン
源	ゲン	原	ゲン
呼	コ	乎	コ
固	コ	古	コ
故	コ	〃	〃
個	コ	固	コ
湖	コ	胡	コ
語	ゴ	吾	ゴ
誤	ゴ	呉	ゴ
校	コウ	交	コウ
航	コウ	亢	コウ
構	コウ	冓	コウ
講	コウ	〃	〃
根	コン	艮	コン
混	コン	昆	コン
佐	サ	左	サ
座	ザ	坐	ザ
採	サイ	采	サイ
菜	サイ	〃	〃
裁	サイ	𢦏	サイ
際	サイ	祭	サイ
志	シ	士	シ
誌	シ	志	シ
姉	シ	市	シ
枝	シ	支	シ
指	シ	旨	シ
紙	シ	氏	シ

文字	音読み	音符	音符の音読み
詞	シ	司	シ
飼	シ	〃	〃
持	ジ	寺	ジ
時	ジ	〃	〃
捨	シャ	舎	シャ
謝	シャ	射	シャ
授	ジュ	受	ジュ
週	シュウ	周	シュウ
縮	シュク	宿	シュク
熟	ジュク	孰	ジュク
述	ジュツ	朮	ジュツ
術	ジュツ	〃	〃
準	ジュン	隼	ジュン
少	ショウ	小	ショウ
消	ショウ	肖	ショウ
唱	ショウ	昌	ショウ
照	ショウ	昭	ショウ
障	ショウ	章	ショウ
賞	ショウ	尚	ショウ
蒸	ジョウ	烝	ジョウ
親	シン	亲	シン
推	スイ	隹	スイ
製	セイ	制	セイ
積	セキ	責	セキ
績	セキ	〃	〃
宣	セン	亘	セン
洗	セン	先	セン
線	セン	泉	セン
草	ソウ	早	ソウ
創	ソウ	倉	ソウ

文字	音読み	音符	音符の音読み
操	ソウ	喿	ソウ
速	ソク	束	ソク
側	ソク	則	ソク
測	ソク	〃	〃
宅	タク	乇	タク
築	チク	筑	チク
仲	チュウ	中	チュウ
沖	チュウ	〃	〃
忠	チュウ	〃	〃
貯	チョ	宁	チョ
帳	チョウ	長	チョウ
張	チョウ	〃	〃
潮	チョウ	朝	チョウ
低	テイ	氐	テイ
底	テイ	〃	〃
庭	テイ	廷	テイ
停	テイ	亭	テイ
程	テイ	呈	テイ
努	ド	奴	ド
糖	トウ	唐	トウ
銅	ドウ	同	ドウ
導	ドウ	道	ドウ
得	トク	导	トク
認	ニン	忍	ニン
派	ハ	㕢	ハ
比	ヒ	匕	ヒ
批	ヒ	比	ヒ
悲	ヒ	非	ヒ
俵	ヒョウ	表	ヒョウ
標	ヒョウ	票	ヒョウ

文字	音読み	音符	音符の音読み
府	フ	付	フ
副	フク	畐	フク
復	フク	复	フク
腹	フク	〃	〃
複	フク	〃	〃
編	ヘン	扁	ヘン
補	ホ	甫	ホ
放	ホウ	方	ホウ
訪	ホウ	〃	〃
味	ミ	未	ミ
問	モン	門	モン
友	ユウ	又	ユウ
優	ユウ	憂	ユウ
預	ヨ	予	ヨ
洋	ヨウ	羊	ヨウ
養	ヨウ	〃	〃
葉	ヨウ	枼	ヨウ
陽	ヨウ	昜	ヨウ
落	ラク	洛	ラク
理	リ	里	リ
裏	リ	〃	〃
陸	リク	坴	リク
冷	レイ	令	レイ

漢語に由来する訓読み

　日本は、弥生時代から中国の影響を受けており、特に稲作や金属器の技術は国家の形成に大きな役割を果たした。

　古墳時代以降にも、中国から多様なものが流入したが、それまで日本になかったものは、当然、呼び名もなかった。そのため、音読みを利用して日本の言葉（訓読み）にしたものも見られる。

　代表的なものに「馬」があり、中古音の [ma マ] の冒頭子音が強調されて [mma むま] となり、さらに [uma うま] になった。

　古い時代の日本語には、撥音（言葉の最後の「ン」）が無かったので、中古音の [n] や [m] で終わる文字は、末尾に母音を付けて訓読みにすることがあった。例えば、「銭」は中古音が [dzien ヅィエン] であるが、それに由来する音読みの [zen ゼン] の末尾に母音の [i イ] を加え、[zeni ぜに] として日本語にした。

　特殊な例が「国」であり、[kuni くに] は、「国（コク）」ではなく「郡（グン）」に由来していると言われる。中国では「郡県制」という行政区分が用いられており、郡が大きな区分であったが、日本では「郡」の上に「国」が置かれたため、日本の「国」が中国の「郡」に相当した。そこで、郡の中古音である [giuən ギュオン] が清音化した音読みである [kun クン] の末尾に [i イ] を加え、[kuni くに] として「国」の訓読みとしたというのである（子音の清音化については第３章で述べる）。

　そのほか、音読みがそのまま残ったが、ほとんど音読みと認識されないものもある。例えば「絵」について、「絵画（カイガ）」が音読みで、「絵描き

（エかき）」は訓読みだと思われがちであるが、実は「カイ」も「エ」も音読みである。この2つの発音は、第3章以降で解説する漢音と呉音の関係になる。

　また、十七条憲法の第一条である「和を以て貴しと為す」が有名であるが、「和（ワ）」も音読みである。「和」は、「禾」ではなく「口」が部首であり、「禾（ワ）」を音符とする形声文字である。原義は歌唱の調和であるが、引伸義で一般に調和の意味で使われるようになった。もし「以和為貴」をすべて訓読みするのであれば、「和らぐを以て貴しと為す」になる。

第 2 章

形声文字の字形と発音

◈ 新字体での音符の変形

　第1章では、現在の字形と音読みだけで、形声文字の音符が理解しやすい文字を挙げた。しかし、漢字の字形や発音は、長い歴史の中で変化することがあり、それを理解しないと形声文字と音符の関係が分からない文字も多い。第2章では、そうした文字を取り上げる。

　まずは新字体と旧字体の相違である。戦後の日本では「当用漢字」として1850字が制定されたが、その際に、一部に筆書や暗記が容易な「新字体」が採用された。その後、さらに文字が追加されて現在の「常用漢字」になっている。もっとも、「新字体」と言っても、多くは古くから使われていた略体であり、中には「旧字体」よりも歴史が古いものもある（詳しくは拙著『漢字の字形』などを参照）。

　形声文字にも、新字体で略体が採用されたものがあり、そうした場合には字形と発音の関係が分かりにくいことが多い。そこで、新字体では音符が分からないが、旧字体であれば音符が理解できる文字を取り上げたい。

　新字体・旧字体がある形声文字については、音符だけが略体になったものが多い。意符（部首）についてはある程度理解されているので省略しにくいが、日本では音符の機能があまり理解されていないので、その部分を略体にしたものが採用しやすかったのであろう。

　例えば、「温」は、旧字体は「𥁕（オン）」を音符とする「溫」の形であったが、新字体は上部の「囚」を「日」に変えている。また、「港」は旧字体では「巷（コウ）」を音符とする「港」の形であったが、下部の「巳」を「己」に変えた形が新字体として採用された。

　この程度の微差ならば、新字体でも音符が分かる場合もあるが、全く別の形に変えられてしまうと形声文字として理解できなくなる。

例えば「囲」は、取り囲んでいることを表す「囗（くにがまえ）」が意符であるが、旧字体では「圍」の形であり、「韋（イ）」を音符とする形声文字であった。しかし、新字体では「井（セイ）」を用いた「囲」を採用しており、これでは字形構造の意味が分からない（「囲」は本来は別字で音読みは「トウ」）。

　同様に「乱」は、旧字体では発音を表す「𤔔（ラン）」を用いた「亂」の形であったが、「𤔔」が「舌（ゼツ）」に変えられたため、発音の表示であることが理解できなくなっている。なお、「𤔔」は乱れた糸を手で整える様子を表した形であり、「亂」は糸の形としての「乚」を組み合わせた会意文字（会意亦声）である。

　そのほか、新字体には意符を完全に省いたものが見られる。例えば、「余」は「あまる」の意味では旧字体が「餘」であり、「食」を意符とし、一人称として使われた「余（ヨ）」を音符とする形声文字であった。このうち意符の「食」を完全に省いた「余」が、新字体では「あまる」の意味で使われており、一人称の「余」と区別ができなくなっている。

　同様に、「号」は旧字が「號」であり、また「予」は旧字が「豫」であるが、いずれも新字では意符を省いて音符の部分だけを使っている。

　特殊な例として「旧」がある。旧字体は「舊」であり、これは本来は頭部を強調した鳥の象形である「萑」が巣にいる様子を表した会意文字であり、仮借（当て字）で「ふるい」の意味に使われた。後に巣の形が発音を表す「臼（キュウ）」に変えられて「舊（キュウ）」の字形になった。そして、新字体の「旧」は、発音を表す「臼」だけを取り出し、さらにそれを変形させたものである。なお、「臼」が新字で「旧」になる現象は、稲（旧字は「稻」）や児（旧字は「兒」）にも見られる。

　「弁」も特殊であり、これは「辯（弁論の意味）」、「辨（弁別の意味）」、「瓣（花弁の意味）」の３種類の意味で使われる。いずれも「釆（ベン）」を音符

とする形声文字(すべて音読みは「ベン」)で、「弁(ベン)」によって代用されたのであり、一種の仮借と言えるだろう。ちなみに、「弁」自体は冠を付けた人の姿の象形であり、辯・辨・瓣とは意味上の関連がない。

◈ 新字体・旧字体がある形声文字

ここでは、新字体・旧字体があり、かつ旧字体では音符と発音が一対一の関係として理解できる文字を一覧表として挙げる。( )内が旧字体である。

なお、常用漢字として呉音・漢音の別がある文字、あるいは文字と音符の音読みが異なる文字などは次章以降で取り上げる(本章では以下の表も同様)。

表2-1のうち、「†」を付した文字については、音符の方も新字体で斉一的に略体にされたものである。また、「‡」を付した文字は、新字体で意符が変形(または省略)したが音符は変えられていない。いずれも新字体からでも発音と音符の関係が理解可能である。配列は五十音順とした(本章の表は以下も同じ)。

表2-1 新字・旧字があり、文字と音符の発音が一対一になっているもの

文字	音読み	音符	音符の音読み
囲(圍)	イ	韋	イ
温(溫)	オン	昷	オン
漢(漢)	カン	莫	カン
関(關)	カン	䜌	カン
観(觀)	カン	雚	カン
旧(舊)	キュウ	臼	キュウ
考(考)	コウ	丂	コウ
効(效)‡	コウ	交	コウ
港(港)	コウ	巷	コウ

文字	音読み	音符	音符の音読み
鉱(鑛)†	コウ	広(廣)	コウ
号(號)‡	ゴウ	号	ゴウ
参(參)‡	サン	彡	サン
蚕(蠶)	サン	朁	サン
歯(齒)‡	シ	止	シ
従(從)	ジュウ	从	ジュウ
縦(縱)†	ジュウ	従(從)	ジュウ
窓(窗)	ソウ	囱	ソウ
総(總)	ソウ	悤	ソウ
臓(臟)†	ゾウ	蔵(藏)	ゾウ
庁(廳)	チョウ	聴(聽)	チョウ
灯(燈)	トウ	登	トウ
脳(腦)	ノウ	甾	ノウ
売(賣)	バイ	買	バイ
発(發)	ハツ	癶	ハツ
氷(冰)	ヒョウ	冫	ヒョウ
福(福)‡	フク	畐	フク
辺(邊)	ヘン	臱	ヘン
弁(辯・辨・瓣)	ベン	平	ベン
輸(輸)	ユ	俞	ユ
予(豫)‡	ヨ	予	ヨ
余(餘)‡	ヨ	余	ヨ
様(樣)	ヨウ	羕	ヨウ
乱(亂)	ラン	矞	ラン
歴(歷)	レキ	厤	レキ
録(錄)	ロク	录	ロク

◈ **歴史的な音符の変形**

　音符が変形する現象は、新字体に限ったことではない。漢字は3000

年以上も前に作られ、長い時代にわたって継承されたのだが、その過程で字形が変化したものも見られる。

　例えば「布」は、文字資料に初めて出現するのが西周代であるが、元は布に関係する意符の「巾（巾）」と音符の「父（た）」から成る「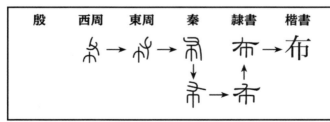」の形であった。「麻の織物」が原義であるが、後に一般に「ぬの」の意味で用いられるようになった。

　東周代の「」を経て、秦代の「」までは父（た）の形が残っていたが、その後、「父」を「又」に変えた略体の「」などとなり、さらに「ナ」に変えられて「布」の字形になった。

　したがって、楷書の「布」の構造は、「巾」を意符、「父（フ）」の略体を音符とする形声文字である。このように略体になった音符は、「省声」と呼ばれる。

　文字によっては、極端に省略されることもある。例えば「早」は、初出の東周代の文字資料では「日」を意符、ナツメを表す「棗（ソウ）」を音符とする形であったが、秦代以降に「棗」が「十」の形に略された。

　また、音符が別の文字に代わってしまう例もある。例えば「活」は、秦代に初出であり、元は「水（氵）」を意符、「昏（カツ）」という文字を音符と

布の字形史

| 殷 | 西周 | 東周 | 秦 | 隷書 | 楷書 |

し、原義は水が勢いよく流れることである（「いきる」や「いかす」は引伸義）。その後、隷書で「𠯑」が類似形の「舌」に変えられたが、「舌（ゼツ）」には「活（カツ）」の発音を表示する機能はなくなっている。

特殊な例として「候」がある。本来は「人（イ）」を意符、「侯（コウ）」を音符とする形声文字であるが、「丨」が意符なのではない。「〓」と書かれるはずが、「イ」が重なるため片方（右側）が「丨」に略されたものである。したがって、構造としては「侯」の省声としての「〓」を音符とする形声文字である。

本来の音符の形が楷書に残っていない文字もある。例えば「祝（祝）」は、殷代の「〓」が初形であり、上部が口（〓）、下部は人が座った形の卩（〓）である。殷代には意符として祭祀に関係することを表す示（〓・〓）を加えたもの（〓）があり、これが後代に継承された。

字形の構造としては「示」を意符、「〓」を音符（亦声）とする形声文字である。さらに、西周代には初形の部分を形が近い兄（〓）に変えた「〓」が作られたが、兄（ケイ）は起源の異なる別字であり、発音を表示する機能を失っている。これが楷書に継承されて「祝（祝）」になった。一方、初形の「〓」は後に使われなくなり、楷書には残っていない。

祝の字形史

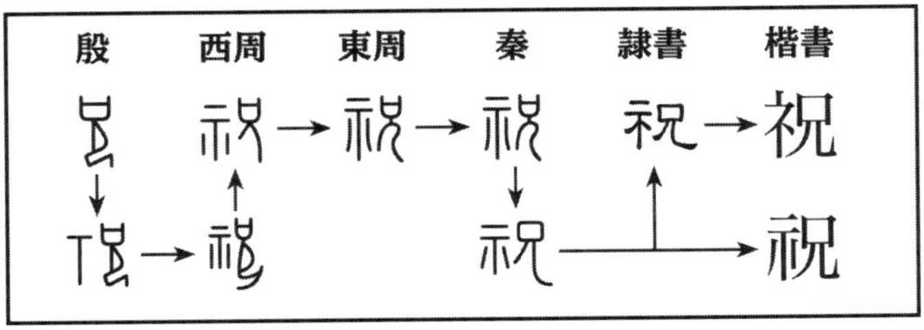

同様に、「可」は「口」を意符、「何」の初形の「仃」の略体を音符（省声）とする形声文字であるが、「仃」は楷書に残っていない。しかも、後代には逆に「何」が「可」を音符とする形声の構造になった。

　漢字は、個々の文字に字形と発音があるが、字形の方が意味を表す性質が強い。そうであるからこそ、言語体系が全く異なる日本などでも使用でき、東アジア世界に広まったのである。漢字は必ずしも音符に縛られずに読むことができ、また音符の形が変わっても意味を伝える役割が残るため、ここで挙げたような音符の変形が多く起こったのであろう。

◈ 音符が変形した形声文字

　ここでは、近世以前に音符が変形した形声文字の一覧を挙げる。表のうち、「意符」が意符の部分であり、「本来の音符」が元の音符の形である。

　したがって、この両者を組み合わせることで、文字の元の構造が復元できる。例えば、「市（市）」は、元は祭卓（祭祀用の机）である「示（示）」の上に足の形の「止（止）」を置いた状態を表した会意文字であり、「止（シ）」が発音も表す亦声である。現在では「止」は簡略化されて「亠」の部分になり、「示」も「巾」の形になっている。

　表2-2のうち、本来の音符の形が楷書に残っていないものは擬似的に表示し、その後に「†」を付した。また、「市」など意符も変形しているものは、本来の意符を表示し、それに「‡」を付した。会意文字の亦声については、便宜上、発音を表示しない方の部分を「意符」の欄に挙げている。ごく微細な変形の場合には、この表に挙げていない。

表2-2 楷書以前に音符が変形した文字（文字と音符の発音が一対一になるもの）

文字	音読み	意符	本来の音符	音符の音読み	変化した形
愛(愛)	アイ	夂	㤅	アイ	㤅
往	オウ	彳	㞷†	オウ	主
可	カ	口	丂†	カ	丁
活	カツ	氵	昏	カツ	舌
急(急)	キュウ	心	及	キュウ	刍
券	ケン	刀	关	ケン	关
候	コウ	イ	侯	コウ	㠯
康	コウ	米‡	庚	コウ	庚
左	サ	工	屮	サ	ナ
差	サ	巫‡	左	サ	左
災	サイ	火	巛	サイ	巛
市	シ	示‡	止	シ	亠
就	シュウ	尤	髙†	シュウ	京
祝(祝)	シュク	示	兄†	シュク	兄
新	シン	斤+木	辛	シン	立
席	セキ	巾	石	セキ	庶
早	ソウ	日	棗	ソウ	十
達	タツ	辶	羍	タツ	幸
展	テン	尸	襄	テン	表
冬(冬)	トウ	冫	宂†	トウ	夂
備	ビ	イ	葡	ビ	甫
布	フ	巾	父	フ	ナ
列	レツ	刂	歺	レツ	歹
連	レン	辶	輦	レン	車

◈ **一般に音読みされない形声文字**

　ここまでは、主に字形の歴史について述べた。ここからは発音の歴史について述べたい。

現在の日本では、教育漢字であっても一般に音読みされない文字がある。その一部は、「畑」や「栃」など日本で作られた和製漢字(国字)であり、中国の発音に由来する音読みを持たない。しかし、それだけではなく、本来は音読みがあるのだが、現在ではそれが一般には使われない文字もある。これに多く該当するのが都道府県名に使われている文字である。

　例えば「埼」は、常用漢字としての使用は「埼玉県」だけしか想定されていないため、文部科学省発行の「常用漢字表」でも、訓読みの「さい」しか記載がない。しかし、「埼」は「土」を意符、「奇(キ)」を音符とする形声文字であり、音読みとして「キ」がある。

　同様に、山梨県の「梨」は、「木」を意符、「利(リ)」を音符とする形声文字であり、音読みは「リ」であるが、これも「常用漢字表」には訓読みの「なし」しか記載がない。ただし、人名としては音読みで広く用いられ、また、歌舞伎に興味があれば「梨園」の語で音読みを使うかもしれない。

　音符の方が一般に音読みされない教育漢字という場合もある。例えば、「敗」は手に棒を持った形の「攵」と子安貝の象形の「貝」から成る会意文字であり、貴重品である子安貝を棒で破壊することから「そこなう」や「やぶる」の意味を表した。「敗(ハイ)」においては、「貝(音読みはハイ)」が亦声であるが、「貝」はほとんど音読みされないため、発音の関係が分かりにくくなっている。

　表2-3に、こうした文字の一覧を挙げた。下線を付けた方が「常用漢字表」に音読みの記載がない文字である。

表2-3 教育漢字で文字と音符の発音が一対一の関係になるが、片方が「常用漢字表」に音読みの記載がないもの

文字	音読み	音符	音符の音読み
届（屆）	<u>カイ</u>	凷	カイ
崎	<u>キ</u>	奇	キ
埼	<u>キ</u>	〃	〃
鋼	コウ	岡	<u>コウ</u>
株	<u>シュ</u>	朱	シュ
潟	<u>セキ</u>	舄	セキ
敗	ハイ	貝	<u>ハイ</u>
梨	<u>リ</u>	利	リ

◈ 一字二音の音符

　漢字は、同じ文字であっても、読み方を変えることで異なる意味を表現する場合がある。文字を増加させずに、表現できる語彙の幅を広げるのであるから、便利な方法と言えるだろう。

　しかし、こうした文字が音符に使われると、どちらの発音によって採用されたのかが見た目では分からないという問題が発生する。

　例えば、「決」と「快」はどちらも音符として「夬」が使用されているが、音読みは「ケツ」と「カイ」で異なっている。「夬」は、手に道具を持った形であるが、原義は「ゆがけ（弓の弦を張る道具）」と考えられており、この場合の音読みは「ケツ」である。しかし、引伸義で「わける」の意味にも使用されており、この場合の発音は「カイ」である。

　つまり、「決」では原義の発音（ケツ）で音符として使われ、「快」では引伸義の発音（カイ）で音符として使われたのである。ちなみに、「決」は水（氵）が部首であり、河川の決壊が原義である。

　この両者の発音は、上古音の段階では原義が [kiuat キュアツ]、引

伸義が [kuat クヮツ] だったと推定されており、かなり近い発音であった（発音の近さについては第3章以降で述べる）。そして、下図に示したように、その後の歴史で離れていった。

　同様に、発音によって原義と引伸義を使い分けたものに「戔（略体は戋）」がある。戔は武器の象形である「戈」をふたつ重ねることで交戦の様子を表しており、そこから「そこなう」の意味で使われた。この意味では音読みが「ザン」である。さらに、引伸義で「すくない」の意味にもなっており、この場合は音読みが「セン」である。

　形声文字の音符として、「残（ザン）」では前者として使用され、「浅（セン）」では後者として使用されている。そして、「残」は原義が「そこなう」であり、「浅」も「水が少ないこと」の意味であるから、いずれの場合も意味も含む亦声として音符に使われたものと考えられる。

　特殊な例として、こうした使い分けがなくなっても二音の状態が残った文字がある。例えば、「論」や「輪」に音符として使われている「侖」には、「ロン」と「リン」の二音があり、前者として「論（ロン）」の音符、後者として「輪（リン）」の音符に使われている。

　「侖」は、元は竹簡の束を丸く巻いた様子を表した文字であり、文字を記録する竹簡から「筋道を立てる」の意味も含めて「論」の発音表示（亦声）に使われ、また竹簡を丸めることから「丸い」の意味も含めて「輪」の発音表示（亦声）に使われたと思われる。しかし、現在では「侖」に後者の「まるい」の意味は残っておらず、「ロン」「リン」のいずれも「筋道を

決・快の字音史

	上古音	中古音	字音仮名遣い	現代仮名遣い
決	kiuat	kiuet	クヱツ	ケツ
快	kuat	kuæi	クワイ	カイ

立てる」の意味に使われている。

　形声文字が作られた後、形声文字の側が一字二音になる場合も見られる。例えば「値」は、「人（イ）」を意符、「直（チョク）」を音符とする文字で、人と出会うことが原義であり、この意味では本来の音読みが「チョク」である。そして、「物の価値」の意味にも転用され、この意味では音読みが「チ」である。ただし、現在では両方の意味で「チ」が主に使用されており、例えば出会うことを意味する「値遇」は「チグ」（あるいは「チグウ」）と読まれる。

◈ 一字二音に関わる形声文字

　ここでは、教育漢字のうち、一字二音に関わる形声文字とその音符を一覧として挙げる。

　文字と音符のうち、二音ある側は「＋」で２つの音読みを併記した。下線をつけたものは常用漢字として使われない音読みである。音符がやや変形しているものは†を付した。表は基本的に音読みの五十音順であるが、同一音符の文字は連続して配列した。

　なお「員」の音読みの「イン」は慣用音である。また「専」と「貿・留」については次項以降に解説する。

表2-4　教育漢字のうち、形声文字または音符に2つの音読みがある文字

文字	音読み	音符	音読み
円(圓)	エン	員	ウン＋エン
価(價)	カ	賈	コ＋カ
過	カ	咼	カイ＋カ
快	カイ	夬	ケツ＋カイ
欠(缺)	ケツ	〃	〃
決	ケツ	〃	〃

文字	音読み	音符	音読み
拡（擴）	カク＋コウ	広（廣）	コウ
割（割）	カツ	害（害）	ガイ＋カツ
均	キン	勻	イン＋キン
芸（藝）	ゲイ	埶	ゲイ＋セイ
勢	セイ	〃	〃
庫	コ	車	シャ＋コ
穀（穀）	コク	殼	カク＋コク
作	サク＋サ	乍	サ
残（残）	ザン	戔	ザン＋セン
浅（淺）	セン	〃	〃
銭（錢）	ゼン＋セン	〃	〃
招	ショウ	召	チョウ＋ショウ
昭	ショウ	〃	〃
深	シン	罙	タン＋シン
探	タン	〃	〃
専（專）	セン	叀†	ケイ＋セン
戦（戰）	セン	単（單）	タン＋セン
値	チ＋チョク	直	チョク
注	チュウ＋シュ	主	シュ
粉	フン	分	フン＋ブン
貿	ボウ	卯†	ボウ＋リュウ
留	リュウ	〃	〃
浴	ヨク	谷	コク＋ヨク
欲	ヨク	〃	〃
輪	リン	侖	ロン＋リン
論	ロン	〃	〃

◈ 転注による発音の変化

　すでに述べたように、漢字は引伸義によって意味や発音が派生することがあるが、引伸義以外でも、意味や発音の分化現象は発生する。それ

が「転注」と呼ばれる用字法 (既存の文字の転用法) である。

　用字法としては、すでに述べた仮借もあり、こちらは既存の文字を発音によって当て字する方法である。一方、転注は、意味によって当て字する方法とする説が有力である。

　例えば、「月」は殷代の甲骨文字では「◗」や「◖」の形で表現されており、半月の象形である。しかし、それだけではなく、夜間を象徴するものとして「夕」の意味にも使われた。このように、類似する意味に転用する方法が転注と考えられている。

　殷代には「◗」と「◖」は、どちらも「月」「夕」の両方の意味に使われていたが、その後、一画多い「◗」が「月」として、一画少ない「◖」が「夕」として使い分けられた。また「夕」は、夜間の意味から転じて夕方の意味にも使われるようになった。

　引伸義と転注は、一字二音という点では似ているが、発音の連続性という点で相違がある。引伸義は、意味の派生によって発音も元のものから派生するので、二音が類似することが多い。一方、転注では異なる語彙に転用されるので、必ずしも発音上で類似しないことが特徴である。「月」と「夕」についても、上古音の段階から [ngiuat ンギュアツ] と [ziak ジャク] で明確な相違があり、前掲の「決」「快」などとは異なっている。

　音符に使われた文字にも転注の例が見られる。表 2-4 で挙げた「卯」は、本来は犠牲 (いけにえ) を切り裂いて神に捧げる祭祀儀礼の様子を表しており、この意味では音読みが「ボウ」である。しかし、転注の用法で、

月・夕の字音史

	上古音	中古音	字音仮名遣い	現代仮名遣い
月	ngiuat	ngiuɐt	クヱツ	ケツ
夕	ziak	ziɛk	クゥイ	カイ

意味が近い「ころす」の表示にも転用されており、この意味では音読みが「リュウ」である。

　教育漢字のうち、「貿」は原義の「ボウ」の発音で音符として使われており、「留」では転注された「リュウ」の発音で使われている。この両者も連続的な変化として捉えられない発音である。

◈ 漢字の用字法

　漢字の用字法には、ここまでに述べたように、類似する発音を借りた当て字である「仮借」と、類似する意味を借りた当て字である「転注」が見られる。実は、もうひとつ、あまり知られていないが類似する字形による当て字も見られる。

　先に述べたように、阜（阝）は階段の象形（阝）であったが、後代に字形が近い丘の形（阝）の意味でも使われるようになった。

　また、表2-4で挙げた「専（専）」の音符として使われている「叀」は、当初は「叀」などの形であり、袋の象形であった（上部が袋の口を結んだ様子）。この意味では音読みが「ケイ」であり、教育漢字にはないが「恵（惠）」などの音符として使われている。

　しかし、後に「糸巻きの形」として使用されるようになり、そのため下部に巻いた糸を表す形を付した「叀」などの形になった。この場合には音読みが「セン」であり、その発音で「専（専）」に使われている。

　ところで、仮借と転注は、実は定義が明確ではない。仮借と転注の定義を最初に示したのは、後漢時代に作られた最古の字源字典である『説文解字』であるが、仮借の例としては「令・長」だけ、転注の例としては「老・考」の一組だけしか提示されていない。

　しかも、「令」と「長」はいずれも県の長官に対する呼称であるが、「令」

は原義が命令なので、意味の類似も考慮されていた可能性がある。同様に、「長」も原義は長老であり、やはり長官と意味として近い。

　また、「考」は当初は死去した父親に対する呼称だったので、「老」と意味が近いのは確かである。しかし、「考」と「老」は字形も近く、また推定される上古音も [ku ク] と [lu ル] で発音にも共通点がある。

　したがって、『説文解字』がどのように「仮借」と「転注」を定義していたのかは明らかではない。現代の漢字研究としては、定義と呼称を明確にすべきであり、発音を借りた場合は「借音」、意味を借りた場合は「借義」、そして字形を借りた場合は「借形」のように呼ぶべきと筆者は考えている(ただし、本書では人口に膾炙した「仮借」「転注」の用語を使用する)。

発音表示の歴史的な増加

　形声は、意符と音符を使用して理論的に文字を構成する方法であり、4種の成り立ちのうち最も遅くに出現したと推定されている。しかし、既存の文字をふたつ使用することで新たに文字を作ることができるので、最も効率的である。そのため、西周代以降に作られた文字の多くが形声文字であり、最終的に漢字の9割以上を占めるようになった。

　それでは、どのような割合で発音を表示する文字が増えていったのだろうか。漢字すべてを対象として調査することは困難なので、教育漢字を対象にして、発音表示がある文字（形声文字および会意亦声）か否かでの統計を図Bに挙げた。

　図B　各時代の発音表示

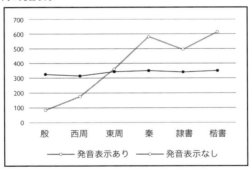

	殷	西周	東周	秦	隷書	楷書
発音表示あり	74.0	163.5	362.0	572.5	499.5	606.5
発音表示なし	330.0	322.5	342.0	356.5	346.5	349.5
合計	404.0	486.0	704.0	929.0	846.0	956.0

各時代の殷〜楷書については、本書の基準（23ページ）と同じである。異体字や同源字などは、まとめて一組として統計しており、その時代のすべての字形に発音表示がある場合、「発音あり」に1として統計し、同様にすべての字形に発音表示がないものは「発音なし」に1とした。両方が混在している場合には、双方に0.5を加算し、その時代の文字資料から発見されていない場合は、双方を0とした。

　例えば、「官」と「館」（28ページ参照）は、同源字なので一組として計算する。殷代〜東周代には会意文字の「官」のみなので、「発音なし」に1を加える。そして、秦代に「館」が出現し、「官」と併用されるが、これは発音表示のある形声文字（官が亦声）なので、秦代〜楷書は双方に0.5を加える。

　このようにして統計したのが図Bの数値とグラフである。一目見て分かるように、殷代には発音表示がない文字が多いが、西周代以降には、ほとんど数値が増加していない。一方、発音表示がある文字は殷代には少ないが、西周代以降に大幅に増加している。

　発音表示のある文字が増加した理由としては、前述のように新しく作られた文字の多くが形声文字ということもあるのだが、それとは別に、既存の象形文字や会意文字が形声文字に変化する現象も見られる。

　例えば、「歯」を表す文字は、殷代には「歯」などの形であり、口（口）の中に歯が生えている様子を表現した象形文字である。その後、西周代の

歯の字形史

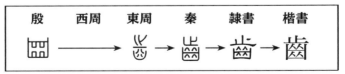

資料には見られないが、東周代や秦代には「止（止）」を加えた「歯」や「歯」の形になっている。そして、楷書（旧字体）の「齒」となり、新字体の「歯」になった。加えられた「止（シ）」は、「歯（シ）」の発音を表す音符であり、本来は象形文字だったものが音符の追加によって形声文字に変化したのである。

また、殷代の「買」は網（网）で貝（貝）を取る様子を表した会意文字であり、字形は「買」にあたる。当初は貴重品を獲得する意味だったが、後に物品の売買の意味に用いられた。

さらに、「かう」と「うる」の両方の意味で使われていた「買」だが、秦代に意符として「出（出）」を加えて「うる」の意味に専用する「賣」が作られ、「かう」の意味の「買（買）」と区別して用いられた。その後、「出」が「士」に略されて楷書の「売（旧字は賣）」になった。旧字体の「賣」は、「出」の略体を意符、「買」を音符（亦声）とする形声の構造である。

西周代以降には、新しく作られた象形・指事・会意文字の数と、既存の象形・指事・会意文字が形声文字に転換する数とがおおよそ釣り合っており、そのため発音表示がない文字が全体としてほとんど増加しなかったのである。

売・買の字形史

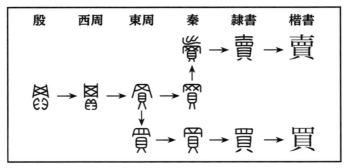

このように、漢字は時代が降ると発音表示のある文字が増加する。何千、何万という文字をすべて象形や会意で表現し、また識別することは困難であるが、大まかな意味と発音表示を組み合わせる形声文字であれば、何万通りでも、あるいは何十万通りでも組み合わせが可能であり、文字数が増加するほど形声文字が作られやすいのである。

ただし、漢字は意味表示において字形が重要であることは、どの時代でも同じであり、そのため次章以降で述べるように、文字と音符の発音が異なるという現象も多く見られる。

最後に、図のグラフについて補足説明をしておきたい。発音表示がある文字は「秦」よりも「隷書」が少なくなっているが、これは、秦代だけは例外的に文献資料である『説文解字』に記載された篆書(小篆)を加えたためである。

厳密に文字研究をするのであれば、甲骨文字や金文、あるいは簡牘文字や碑文など、すべて実物が存在する古代の出土資料に限定すべきかもしれない。しかし、伝統的に『説文解字』に記載された篆書が研究の基準とされたため、筆者も字形表や統計に篆書を含めている。もし篆書を除けば、グラフはより滑らかな折れ線になる。

それから、グラフでは東周代に発音表示のある文字がない文字をわずかに上回るようになっているが、これは基本的な文字(語彙)が多く含まれる教育漢字とその同源字に限定したためである。漢字全体では、東周代の段階で確実に大きく上回っている。漢字全体で見た場合に逆転する正確な時代は不明であるが、おそらく西周後期であろう。

第3章

声母の変化

◈ 漢語の声母

　ここからは、文字と音符の発音にずれが生じた形声文字について取り上げる。その際には、古代中国の上古音、および中世中国の中古音についても理解することが必要であり、まずは漢語の発音体系を述べておきたい。

　漢語は、どの時代であっても「1文字＝1単語＝1音節」が基本であり、その音節は「声母（冒頭の子音）」と「韻母（声母以外の部分）」に分けられる。

　そして、中国では声母の大まかな説明として、「五音」という概念が用いられる。五音とは、声母の分類の総称で、喉音・牙音・歯音・舌音・唇音の5種類を指す。以下、これらについて、擬似的にアルファベットで表記して解説する。韻母とその表記法については第4章で述べる。

　まず喉音であるが、これは日本語の「ア行」に相当し、声母がないものである。なお、咳払いのように喉の奥で詰まらせる子音が存在したとする説もあるのだが、確実な証拠がなく、また音写には影響がない部分なので、本書では採用していない。

　牙音については、軟口蓋（口の奥の上顎が柔らかくなっている部分）で発声する子音であり、[k] [g] [ng] などがある。[k] と [g] については、例えば [ka] は日本語の「カ」、[ga] は日本語の「ガ」に対応する。[ng] は鼻濁音であり、[nga] であれば、「山河」や「漫画」と言ったときの「ガ」に近い。

　歯音は、気道を完全に閉じずに歯と舌の間の空気の摩擦によって発音するものであり、[s] や [z] のほか、[ts] [dz] などがある。このうち、[s] と [z] については、例えば [sa] は日本語の「サ」、[za] は日本語の「ザ」に対応する。そして、[tsa] は「ツァ」、[dza] は「ヅァ」の発音である（ただし現在の日本語では「ザ」は語頭で [dza] に近い発音になっている）。

　舌音は、舌先で発音するものであり、[t] [d] [n] などがある。それぞれ

[ta] は「タ」、[da] は「ダ」、[na] は「ナ」に相当する。日本ではあまり意識
されないが、[n] は鼻濁音である

　唇音は、唇の部分で発音するものであり、[p] [b] [m] などがある。同様
に、[pa] は「パ」、[ba] は「バ」、[ma] は「マ」であり、[m] は鼻濁音である。

◈ **音読みの声母**

　日本の音読みは、元は中世の漢語に学んだものであるから、やはり声
母と韻母に分けることができる。ただし、日本語の仮名書きは各文字が
「子音＋母音」になっているので、一旦はローマ字表記にして音素（意
味を区別するうえでの発音の最小単位）を取り出さなければならない。

　その際には、漢字が音写された時代、すなわち古代日本の発音に近
づけてローマ字表記にする必要があるので、この点には注意しなければ
ならない。

　例として、第1章の表1-2に掲載した文字からいくつか取り上げる。
なお、音読みの拗音（「キャ」「キュ」「キョ」など）については、漢語の「介音」
（第4章で述べる）を反映したものであるが、本書は介音の表記を [i] と [u]
に統一しており、ここでも一般的なローマ字表記である [y] ではなく、[i]
を使用する。

　次頁で一覧にした文字のうち、「雲」の声母の「∅」については、何も
ないことを示す記号であり、冒頭の子音がないことを表示している。

　タ行については、古い日本語では [ta タ] [chi チ] [tsu ツ] [te テ] [to
ト] ではなく [ta タ] [ti ティ] [tu トゥ] [te テ] [to ト] と発音されていた
と考えられており、「張」も子音が [ch] ではなく [t] で読まれたようである
（厳密には字音仮名遣いで「チヤウ」= [tiau]）。同様に、「潔」の表記も [ketsu]
ではなく [ketu] になる。

文字	音読み	ローマ字	声母	韻母
雲	ウン	un	∅	un
潔	ケツ	ketu	k	etu
裁	サイ	sai	s	ai
張	チョウ	tiou	t	iou
複	フク	puku	p	uku
理	リ	li	l	i

　なお、日本語のタ行は、後に不規則になっており、次のように3つの子音が混在している（太字がタ行とされる発音）。

t	ta タ	ti ティ	tu トゥ	te テ	to ト
ch	cha チャ	chi チ	chu チュ	che チェ	cho チョ
ts	tsa ツァ	tsi ツィ	tsu ツ	tse ツェ	tso ツォ

　ダ行はさらに変化があり、[da ダ] [di ディ] [du ドゥ] [de デ] [do ド] が [da ダ] [ji ヂ] [dzu ヅ] [de デ] [do ド] になり、さらに現在では [da ダ] [zhi ジ] [zu ズ] [de デ] [do ド] が主に用いられる。

　ハ行については、奈良時代ごろまでは子音が [p] で発音されており、「ハ」は [pa パ] であった。そのため「複」の表記は [puku] になる。その後の時代に「ファ」に近い発音になり、江戸時代に現在と同じ [ha ハ] になったと考えられている。ちなみに、現在のパ行（半濁音）および半濁点は16世紀にポルトガル宣教師が作ったと言われている。

　このように見てくると、日本の「五十音順」は、以下のように中国の五音の順と対応していることが分かる。しかも、ハ行が牙音の [h] ではなく唇音の [p] の位置にあり、古い時代の分類が現在でも使われていること

になる。

> ア行.....................................喉音
>
> カ行・ガ行 ....牙音
>
> サ行・ザ行 ....歯音
>
> タ行・ダ行・ナ行 ....舌音
>
> ハ行・バ行・マ行...............唇音
>
> ヤ行・ラ行・ワ行 ....その他

なお、中国の「五音」も日本の「五十音」も、サンスクリットの音韻図である『悉曇章』が元になっているとする説が有力である。

◈ 上古音の声母の枠組み

漢字は古代中国で作られたものであり、形声文字はその時代の発音である上古音を反映している（中世以降に作られた文字は除く）。

そこで、推定される上古音の声母分類を表3-1に挙げた。発音記号（国際音声記号）で表記し、カッコ内は本書で用いるアルファベット表記である。なお、本書は上古音・中古音について、李珍華・周長楫『漢字古今音表（修訂本）』（略称は『古今音表』）に基づいており、一部、簡略化や誤字の修正などをしている。

表のうち、縦の分類は発声時の気道の状態を表しており、「塞音」は、日本語で言えば「カ」や「タ」のように一旦は気道を完全に塞ぐ発音である。また、「擦音」は気道を閉じない程度に狭め、空気の摩擦で発音するものである。「塞擦音」はその両方であり、一旦気道を塞いだ後、狭く開いて空気の摩擦で発音する。

そして、それぞれに清音と濁音がある。さらに清音には「送気音」があり、息を強く出すものである。例えば、[kʰa] であれば「カハ」のように聞こえ、[tʰa] であれば「タハ」のように聞こえる。ただし、日本の音読みへの影響は少ないので、本書では送気音を表す [ʰ] を省く。

鼻濁音は、口の気道は一旦閉じるが鼻の側は開放する発音であり、鼻音とも呼ばれる。

辺音は、舌音に近い発声方法であるが、舌の両脇を開けるもので、気道を完全には閉じない。そのため、現代の音声学に基づく表 3-1 では舌音などの一部になっているが、中国における伝統的な発音分類としては五音と区別される。日本語の五十音順でも、辺音のラ行は舌音のタ行などから離れて置かれている。

そして、横の分類が五音であるが、5種類に加えて「舌上音（舌面音とも）」と「正歯音」の2種がある。

舌上音は、舌音の発声位置がずれたものであり、舌の上面と硬口蓋（上顎の固い部分）の間で発声する。舌上音は、日本語も英語も専用の表

表3-1 上古音の声母分類（『古今音表』を元に一部改編）

		唇音	舌音	舌上音	歯音	正歯音	牙音	喉音
塞音	清音	p	t	ʈ (ty)			k	∅
	〃送気	pʰ (p)	tʰ (t)	ʈʰ (ty)			kʰ (k)	
	濁音	b	d	ɖ (dy)			g	
鼻濁音		m	n	ɳ (ny)			ŋ (ng)	
辺音			l	ʎ (ly)				
塞擦音	清音				ts	tʃ (ch)		
	〃送気				tsʰ (ts)	tʃʰ (ch)		
	濁音				dz	dʒ (j)		
擦音	清音			ɕ (sy)	s	ʃ (sh)	h	
	濁音			ʑ (zy)	z	ʒ (zh)	ɣ (gh)	

記方法を持たないので、仮名でもアルファベットでも正確な表示ができないのだが、本書では便宜上、子音の後に [y] を付けて表示する。舌上音は塞音（広義には舌音に分類される）のほかに擦音（同じく歯音に分類）があり、[sya] は日本語の「シャ」と「ヒャ」の間ぐらいの発音になる。

正歯音は、舌と歯茎の間の空気の摩擦で発音するものであり、[sha] は日本語の「シャ」に近く、同様に [cha] は「チャ」、[zha] は語中の「ジャ」、[ja] は語頭の「ジャ」に近い。正歯音は広義にはすべて歯音に分類される。

牙音にも擦音があり、[ha] は現在の日本語の「ハ」に近く、[gha] は「ガ」と「ハ」の中間的な発音になる。

以上が推定される上古音の声母の枠組みであるが、本書は便宜的にアルファベット表記を用いるので、表を覚える必要はない。ただし、[y] を付けたものが舌上音であることだけは記憶していただきたい。

なお、上古音の段階では正歯音や舌上音がなく、中古音で初めて出現したとする説もあり、その場合には、表 3-2 のように、かなりシンプルな

表3-2 正歯音・舌上音がないと仮定した上古音の声母分類

		唇音	舌音	歯音	牙音	喉音
塞音	清音	p	t		k	∅
	〃送気	p^h	t^h		k^h	
	濁音	b	d		g	
鼻濁音		m	n		ŋ	
辺音			l			
塞擦音	清音			ts		
	〃送気			ts^h		
	濁音			dz		
擦音	清音			s	h	
	濁音			z	ɣ	

発音体系となる。

　しかし、この説では舌上音・正歯音は介音の [i] の影響で舌音・歯音から分化したと仮定するのだが、中古音では介音の [i] がない舌上音や正歯音もあり、また介音の [i] がある舌音や歯音もあるので、確実な整合性が得られていないように思われる。また、上古音で舌上音がなかったとすると、中古音における舌上音の塞擦音 (後述) の出現過程を説明しにくいという問題もある。

　そのほか、上古音の声母に複数の子音 (複声母) がある文字を想定する説もあるが、その根拠とされた文字は、実際には転注による一字二音 (第2章参照) や意味を重視した亦声 (本章末のコラムで述べる) などであり、本書は複声母を採用していない (詳しくは本書末の「附論2」で述べる)。同様に、近年の研究では「鼻清音」とでも呼ぶべき中間的な発音 (マ行とパ行の間の発音やナ行とタ行の間の発音) が存在したとする説もあるが、これも複声母説の延長にある。

◈ **中古音の声母の枠組み**

　中世の中国で使われた発音体系が中古音であり、これが日本の音読みの元になっている。その声母の一覧を表3-3に挙げた。

　上古音 (表3-1) とよく似ているが、以下の4点が異なっている。

　1点目は舌上音に塞擦音が出現 ([tsy] と [dzy]) したことであり、これは塞音の [ty] と [dy] から派生したものである。日本においては、舌上音の塞音はタ行・ダ行で音写されるが、塞擦音はサ行・ザ行で音写されており、形声文字と音符で声母のずれが発生する一因になっている。

　2点目は、舌上音の鼻濁音 ([ny]) に北方方言では摩擦が加えられた ([nzy]) ことである。この声母には介音の [i] が付き、上古音では「ニ」に

近い発音であったが、中古音の北方方言では「ジ」に近い発音になった（「ニ」に近い口の形で「ジ」に近い発声をする）。一方、南方方言では「ニ」に近い状態が維持されており、そのため、例えば漢字の「児」の音読みは呉音の「ニ」と漢音の「ジ」に分かれている。

　3点目は、舌上音の辺音が発声されなくなったことである。上古音では [ly] に近い発音であったと推定されているが、中古音では発声されなくなっており、喉音に移行する。これも介音の [i] が付くが、[i] は残っているので、日本語では「イ」で始まる発音またはヤ行の発音として音写される。ただし、分類上では声母がある発音として扱われるので、便宜上、アルファベット表記では [y] を付して [yi] として表記する。

　4点目は、牙音の擦音のうち、濁音である [gh] についても、一部は非常に弱くなり、これも喉音と同じような発声方法になったことである。やはり声母がある発音として扱われているが、「非常に弱い [gh]」はアルファベット表記できないので、こちらは声母表記を省くこととする（後述するように、やや弱い [gh] も存在する）。

表3-3　中古音の声母分類（『古今音表』を元に一部改編）

		唇音	舌音	舌上音	歯音	正歯音	牙音	喉音
塞音	清音	p	t	ṭ (ty)			k	∅
	〃送気	pʰ (p)	tʰ (t)	ṭʰ (ty)			kʰ (k)	
	濁音	b	d	ḍ (dy)			g	
鼻濁音		m	n	ɳ (nzy)			ŋ (ng)	
辺音			l					y
塞擦音	清音			tɕ (tsy)	ts	tʃ (ch)		
	〃送気			tɕʰ(tsy)	tsʰ (ts)	tʃʰ (ch)		
	濁音			dʑ(dzy)	dz	dʒ (j)		
擦音	清音			ɕ (sy)	s	ʃ (sh)		h
	濁音			ʑ (zy)	z	ʒ (zh)	ɣ (gh)	ɣ (∅)

そのほか、唇音は一部が近古音で擦音（[f]や[v]に近い発音）になるが、それが中古音の段階ですでに起こっていたとする説もある（本書は採用していない）。

◈ **中古音と音読みの声母の関係**
　中古音の声母は30種類以上にのぼるが、一方、日本語の子音（子音音素）はその半数未満である。そのため、中古音が音読みになる際に、複数の発音が1つにまとめられてしまっている。それを五音の順番に見ていきたい。

　前述のように、喉音はア行になっている（介音があるとヤ行・ワ行になることもある。詳しくは次章）。また、牙音はすべてカ行またはガ行で音写された。

　そして、歯音のほか、正歯音と舌上音の擦音・塞擦音（広義の歯音）はサ行・ザ行で音写された。日本語の歯音は拗音（シャ・ジャ行）を含めても4種類しかないが、中古音では15種類もあったので、多くの声母が日本の音読みでまとめられてしまっている。

　例えば [sa] [tsa] [cha] [sha] は、現在であれば、それぞれ「サ」「ツァ」「チャ」「シャ」と音写されるだろうが、音読みではすべて「サ」になっている。前述のように、日本の古代にはタ行として「チ (chi)」や「ツ (tsu)」が使用・認識されていなかったので、[ch] や [ts] はサ行として音写されたのである。また、音読みの拗音は介音の [i] の反映として主に使われたため、[sha] も「サ」とされた（「シャ」で音写されたのは [shia] のほか [sia] や [tsyia] など）。

　舌音、および舌上音の塞音・鼻濁音（広義の舌音）については、タ行・ダ行・ナ行で音写された。辺音はラ行となり、唇音はハ行（日本の古代には子音が [p]）・バ行・マ行で音写された。以上について、個別の音写は後述

する（表3-6に記す）。

◈ **清音・濁音の通用**

　ここまでに述べたように、漢字の声母は五音などが大まかな枠組みである。そして、形声文字の音符として使われる場合、その枠組みの内部では相違が発生しており、必ずしも正確な発音が反映されていなかった。

　具体的には、同一分類ならば清音と濁音で異なっていても、形声文字の音符として使用できたのである。表3-4に、前掲の表3-3のうち清音・濁音の通用が見られる部分を黒枠で表示した。

表3-4　形声文字と音符の清音・濁音の通用関係

		唇音	舌音	舌上音	歯音	正歯音	牙音	喉音
塞音	清音	p	t	ʈ (ty)			k	∅
	〃送気	pʰ (p)	tʰ (t)	ʈʰ (ty)			kʰ (k)	
	濁音	b	d	ɖ (dy)			g	
鼻濁音		m	n	ɻ (nzy)			ŋ (ng)	
辺音			l					y
塞擦音	清音			tɕ (tsy)	ts	tʃ (ch)		
	〃送気			tɕʰ(tsy)	tsʰ (ts)	tʃʰ (ch)		
	濁音			dʑ(dzy)	dz	dʒ (j)		
擦音	清音			ɕ (sy)	s	ʃ (sh)	h	
	濁音			z (zy)	z	ʒ (zh)	ɣ (gh)	ɣ (∅)

　唇音では [p] と [b] が通用しており、例えば「防」は、中古音が [biuang ビュアウ] であるが、その音符の「方」は中古音が [piuang ヒュアウ] である。また、歯音の塞擦音では [ts] と [dz] が通用しており、例えば「字」は、中古音が [dziə ヅィオ] であるが、その音符の「子（厳密には会意亦

声)」は中古音が [tsiə ツィオ] である。

　このようにして、唇音では [p] と [b]、舌音では [t] と [d]、舌上音では [ty] と [dy]、[tsy] と [dzy]、および [sy] と [zy] が通用した。同様に、歯音では [ts] と [dz]、および [s] と [z]、正歯音では [ch] と [j]、および [sh] と [zh] が清音と濁音で通用した。

　さらに、牙音では鼻濁音や擦音まで通用した。例えば、「広(廣)」の中古音は [kuɑng クゥウ] であり、声母が塞音の [k] であるが、その音符の「黄(黄)」は中古音が [ghuɑng グゥウ] であり、声母が擦音の [gh] である。

　このように、形声文字とその音符には、清濁の通用が見られる。それでは、なぜ清濁で通用したのだろうか。

　その理由のひとつとして、発音を厳密にすると、同一音の音符が見つからない場合があったと考えられる。上古音や中古音は声母の種類が多く、相対的に同一音の文字は少ない。そのため、清濁の通用を許容し、音符として使える文字の候補を増やしたのであろう。また、音符の候補となる文字によっては、意符との組み合わせで字形のバランスが悪くなったり画数が多くなりすぎたりするので、それを防ぐ目的もあったのかもしれない。

　もうひとつ、同一分類の清音と濁音は近い発音（発声位置が同じ）であり、違いがあってもある程度分かることも理由だったのであろう。これは日本語でも同じであり、平安時代の文学作品には仮名に濁音表記がなかったが、当時の人々はそれでも読むことができた。古代中国でも同様に、清濁が異なっていても、文章の中で理解できたと思われる。特に形声文字においては、大まかな意味を表す意符を付けるので、文字表記では若干の相違は許容されやすかったのではないだろうか。

◈ **呉音と漢音の声母のずれ**

声母の発音が少しずれるという現象は、中国において文字を作る段階だけではなく、日本において音写をする段階でも発生した。具体的には、中古音が同じであっても、呉音と漢音で音写が異なる場合が見られるのである。

その現象が起こる声母を表3-5に挙げた。黒枠が該当する部分であり、五音のいずれも、濁音や鼻濁音で呉音と漢音の相違が起こっている。

表3-5 呉音と漢音で音写が異なる中古音の声母

		唇音	舌音	舌上音	歯音	正歯音	牙音	喉音
塞音	清音	p	t	ʈ (ty)			k	∅
	∥送気	pʰ (p)	tʰ (t)	ʈʰ (ty)			kʰ (k)	
	濁音	b	d	ɖ (dy)			g	
鼻濁音		m	n	ɻ (nzy)			ŋ (ng)	
辺音			l					y
塞擦音	清音			tɕ (tsy)	ts	tʃ (ch)		
	∥送気			tɕʰ (tsy)	tsʰ (ts)	tʃʰ (ch)		
	濁音			dʑ(dzy)	dz	dʒ (j)		
擦音	清音			ɕ (sy)	s	ʃ (sh)	h	
	濁音			ʑ (zy)	z	ʒ (zh)	ɣ (gh)	ɣ (∅)

例えば、「常」の一般的な音読みは「ジョウ」であり、その音符である「尚」は「ショウ」であるが、これは漢語の相違ではなく、日本の音写の相違である。「常」と「尚」は、いずれも中古音が［zyiang ジャウ］であるが、呉音ではいずれも濁音の「ジョウ」とされ、漢音ではいずれも清音の「ショウ」とされた。そのうち、現在では「常」が呉音（ジョウ）で読まれ、「尚」が漢音（ショウ）で読まれているため、表面上は発音の相違がある

文字に見えるのである。

　同様に、「梅(梅)」の一般的な音読みは「バイ」であり、その音符の「毎(毎)」は「マイ」であるが、いずれも中古音は [muɒi ムアイ] である。これも、いずれも呉音では「マイ」となり、漢音では「バイ」となる。そして、「梅」が漢音(バイ)で読まれ、「毎」が呉音(マイ)で読まれているため、表面上は発音の相違に見える。

　より一般化して言えば、漢音は清音化する傾向があり、表3-5で言えば、発音が上の欄に移動する。

　例えば、「男」は中古音が [nam] であり、呉音は「ナン」だが、漢音では声母がその上の [d] と同じになり、「ダン」の発音になる。そして、「談」は中古音が [dam] であり、呉音が「ダン」だが、同様に漢音では上の欄の [t] と同じになり、「タン」の発音になる。

　例外的なものが [nzy] であり、前述のように、[ny] に中古音の北方方言で摩擦音が入った。そのため、漢音では表の上にある [dy] ではなく、下にある [dzy] や [zy] に近い発音になっている。介音の [i] が入るので、呉音が「ニ」、漢音が「ジ」になり、例えば「人」は呉音が「ニン」、漢音が「ジン」であり、「若」は呉音が「ニャク」、漢音が「ジャク」である。

　また、[gh] も特殊である。前述のように非常に弱い発音になったものは喉音のア行で音写されたが、強い発音が残ったものは呉音がガ行、漢音がカ行で音写された。さらに、「やや弱い [gh]」もあったようで、その場合には呉音がア行・漢音がカ行という中間的な音写になっている。これに該当するものとして、例えば「皇」は呉音が「オウ」、漢音が「コウ」である(厳密に言えば、やや弱い [gh] には必ず介音の [u] が入るため、呉音は字音仮名遣いでワ行になっており、「皇」も「ワウ」である)。

　そのほか、「名」や「命」など呉音が「ミョウ」、漢音が「メイ」になる文

76

字は、漢音も呉音と同じくマ行であり、例外的に欄が移動しない。また中古音の声母の [ng] は、日本語に該当する子音がないため、呉音でも漢音と同じくガ行で音写されている。

　呉音と漢音の声母の音写をまとめると、表3-6の通りであり、半分程度に相違が見られる（太字部分）。便宜上、中古音の側には韻母として [a] を付し、多くの場合に介音の [i] を伴う声母（舌上音・正歯音）は [ia] とした。ちなみに、本書の上古音・中古音の音写についてはローマ字読みに近く、例えば [tsa] は「ツァ」、[cha] は「チャ」としているので、この表とも異なっている。

表3-6　呉音と漢音の音写とその相違

	唇音			舌音			辺音
中古音	[pa]	[ba]	[ma]	[ta]	[da]	[na]	[la]
呉音	ハ	**バ**	**マ**	タ	**ダ**	**ナ**	ラ
漢音	ハ	**ハ**	**バ**	タ	**タ**	**ダ**	ラ

	舌上音					
中古音	[tyia]	[dyia]	[nzyia]	[tsyia]	[dzyia]	[syia]	[zyia]
呉音	チャ	**ヂャ**	**ニャ**	シャ	**ジャ**	シャ	**ジャ**
漢音	チャ	**チャ**	**ジャ**	シャ	**シャ**	シャ	**シャ**

	歯音				正歯音		
中古音	[tsa]	[dza]	[sa]	[za]	[chia]	[jia]	[shia]	[zhia]
呉音	サ	**ザ**	サ	**ザ**	シャ	**ジャ**	シャ	**ジャ**
漢音	サ	**サ**	サ	**サ**	シャ	**シャ**	シャ	**シャ**

	牙音					喉音	
中古音	[ka]	[ga]	[nga]	[ha]	[gha]	やや弱い [ghа]	[∅a]	[yia]
呉音	カ	**ガ**	ガ	カ	**ガ**	**ア(ワ)**	ア	ヤ
漢音	カ	**カ**	ガ	カ	**カ**	**カ**	ア	ヤ

こうした呉音・漢音の相違が起こった原因は、中古音の時代の方言にあり、北方方言では清音化が進んでいたためと考えられている。

　なお、現代中国の標準語（近代の北方方言が元になっている）でも濁音が清音化しており、例えば「大」は、現代中国の発音表記（漢語拼音）は [dà] であるが、実際に発声されると「ダー」よりも「ター」に近く聞こえる（表記が [ta] の文字は送気音の [tʰa]）。また鼻濁音については、[m] と [n] は現代中国語でも鼻濁音の枠組みに残っているが、[nzy] は擦音（辺音の擦音）に移行し、また [ng] は無声母に移行している。

◆ **漢音における声母の合流**

　ここまでに述べたように、形声文字の音符は、中国において清音・濁音が通用して用いられ、さらに日本でも呉音と漢音で音写の相違が起こった。

　つまり、二重にずれが発生したのであるが、形声文字と音符の関係について見ると、前者でずれたものが、結果的に後者でずれが戻る現象が見られる。

　具体的には、濁音の漢音でこの現象が起こっている。例えば、「郡」は上古音では [giuən ギュオン] であったが、音符としては清音の「君」が用いられ、その上古音は [kiuən キュオン] である。そのため、「郡」の呉音は「グン」であり音符と異なるが、漢音では清音化して「クン」になっており、結果として音符の「君（呉音も漢音も「クン」）」と一致している。なお、これが日本語の「クニ」の元になったと言われる（第1章末のコラム参照）。

　同様に、先に挙げた「防」と「字」も、呉音ではそれぞれ「ボウ」「ジ」であるが、漢音では「ホウ」「シ」であり、結果として音符の「方（ホウ）」「子（シ）」と読みが一致している。

このように、漢音は偶発的とはいえ、形声文字と音符の読みが一致する場合がある。そのため、声母の清濁を気にしなくてよいので、歴史資料を音読する上では便利な発音体系になっている。

　一方の呉音は、意図的に区別をしたり、中古音を研究したりする場合には有効である。2種類の発音体系を必要に応じて使い分けられるというのは、日本の音読みの特権と言えるだろう。ただし、呉音には音写のぶれが大きいという欠点があり、この点は次章で述べる。

◈ 声母のずれがある形声文字

　ここでは、声符と清濁の相違がある形声文字、および呉音と漢音で声母のずれがある文字を一覧にする。

　まず表3-7に、中古音が同じであったが、漢音・呉音の音写で音符との間に声母のずれが生じた形声文字を挙げた。中古音はローマ字読み（字音仮名遣いに近い方法を使用）も付加しているが、古代日本の発音に合わせて [p] はハ行、[h] はカ行、[gh] はガ行とした。韻母の音写については第4章で詳しく述べるが、こちらも韻尾の [ng] を「ウ（またはイ）」にするなど古代の音写方法に則っている。

　表の配列は、呉音の五十音順である。表のうち、下線をつけたものは常用漢字としては使用されない音読みである。また、韻母のうち主母音にわずかな相違があるが、音写としては変わらないものは表に含めた。字音仮名遣いと現代仮名遣いで異なるものは「−」でつないで表示し、一字二音の文字は「＋」でつないで表示した。漢音・呉音の別があるが、「常用漢字表」で文字・音符ともに一方しか掲載がないものは、表1-2に編入している。以下の表も同様の構成である。

表3-7 漢音・呉音で声母のずれが生じた形声文字

文字	中古音	呉音	漢音	音符	音符の呉音	音符の漢音
横(横)	[ghuɐng グゥゥ]	ワウ-オウ	クゥゥ-コウ	黄(黄)	ワウ-オウ	クゥゥ-コウ
学(學)	[ghɔk ゴク]	ガク	カク	𦥯	ガク	カク
材	[dzʌi ヅァイ]	ザイ	サイ	才	ザイ	サイ
財	〃	ザイ	サイ	〃	〃	〃
仕	[jiɔ ヂョ]	ジ	シ	士	ジ	シ
磁(磁)	[dziə ヅィオ]	ジ	シ	茲	ジ	シ
樹	[zyiu ジュ]	ジュ	シュ	尌	ジュ	シュ
常	[zyiang ジャウ]	ジャウ-ジョウ	シャウ-ショウ	尚	ジャウ-ジョウ	シャウ-ショウ
層(層)	[dzəng ヅォウ]	ゾウ	ソウ	曽(曾)	ゾウ	ソウ
蔵(藏)	[dzɑng ヅァウ]	ザウ-ゾウ	サウ-ソウ	臧	ザウ-ゾウ	サウ-ソウ
任	[nzyiem ニエム]	ニム-ニン	ジム-ジン	壬	ニム-ニン	ジム-ジン
燃	[nzyien ニエン]	ネン	ゼン	然	ネン	ゼン
納	[nɒp ナフ]	ナフ-ノウ	ダフ-ドウ	内	ダイ+ダフ-ノウ	ナイ+ナフ-ノウ
梅(梅)	[muɒi ムァイ]	マイ	バイ	毎(每)	マイ	バイ
勉	[mien ミエン]	メン	ベン	免	メン	ベン
務	[miu ミゥ]	ム	ブ	敄	ム	ブ
忘	[miuang ミゥアウ]	マウ-モウ	バウ-ボウ	亡	マウ-モウ	バウ-ボウ
望(望)	〃	マウ-モウ	バウ-ボウ	〃	〃	〃
和	[ghuɑ グゥァ]	ワ	クゥ-カ	禾	ワ	クゥ-カ

◈中古音以前から声母の清濁が異なる文字

　次に表3-8では、中古音以前から形声文字とその音符で、声母の清濁の相違が見られるものを挙げた。ただし、現在では文字と音符がともに1つの音読みだけが使われ、かつ一致している場合には、表1-2に掲載している。

一字二音の文字でも、どちらかの発音が清濁の関係になっているものは表に含んでいる。表の記号について「㊤」は中国古代の上古音、「㊥」は中世の中古音であり、「㊈」は日本の呉音、「㊤」は漢音、「㊤」は慣用音である。上古音・中古音のローマ字読みは省略した。

表3-8　中古音以前から声母に清濁の相違があった形声文字

文字	上古音～音読み	音符	音符の上古音～音読み
運	古ghiuən→中iuən→呉ウン漢ウン	軍	古kiuən→中kiuən→呉クン漢クン慣グン
科	古kuai→中kuɑ→呉クヮ-カ漢クヮ-カ	禾	古ghuai→中ghuɑ→呉ワ漢クヮ-カ
害(害)	古ghat→中ghɑi→呉ガイ漢カイ	丯	古kat→中kɑi→呉カイ漢カイ
覚(覺)	古kuk→中kɔk→呉カク漢カク	𦥑	古ghuk→中ghɔk→呉ガク漢カク
岸	古ngan→中ngɑn→呉ガン漢ガン	干	古kan→中kɑn→呉カン漢カン
教(教)	古kau→中kau→呉ケウ-キョウ漢カウ-コウ	爻	古ghau→中ghau→呉ゲウ-ギョウ漢カウ-コウ
郡	古giuən→中giuən→呉グン漢クン	君	古kiuən→中kiuən→呉クン漢クン
群	古giuən→中giuən→呉グン漢クン	〃	〃
現	古ghian→中ghien→呉ゲン漢ケン	見	古kian→中kien→呉ケン漢ケン
広(廣)	古kuang→中kuɑng→呉クヮウ-コウ漢クヮウ-コウ	黄(黄)	古ghuang→中ghuɑng→呉ワウ-オウ漢クヮウ-コウ
字	古dziə→中dziə→呉ジ漢シ	子	古tsiə→中tsiə→呉シ漢シ
太	古tat→中tɑi→呉タイ漢タイ慣タ・ダ	大	古dat+dai→中dɑi+dɑ→呉ダイ+ダ漢タイ+タ
貸	古tə→中tɒi→呉タイ漢タイ	代	古də→中dɒi→呉ダイ漢タイ
鼻(鼻)	古biei→中bi→呉ビ漢ヒ	畀	古piei→中pi→呉ヒ漢ヒ
防	古biuang→中biuang→呉バウ-ボウ漢ハウ-ホウ	方	古piuang→中piuang→呉ハウ-ホウ漢ハウ-ホウ
栄(榮)	古ghiueng→中iuɐng→呉ヤウ-ヨウ漢エイ	𤇾	古ghiueng→中ghiueng→呉ギャウ-ギョウ漢ケイ

◈ **清濁を越えて声母が異なる文字**

　ここまでは、声母の規則的な通用や変化について述べた。しかし、形声文字とその声母は、必ずしも近い発音とは限らない。文字によっては大きく異なるものも見られる。表3-9ではそうした文字を挙げる。

　なぜ、そうしたずれが発生したのかについては、さまざまな原因が考えられ、詳しくは本章末のコラムなどで述べる。

　なお、通用関係を越えたものについても、舌音と舌上音（[t] と [ty] など）、および歯音と舌上音（[s] と [sy] など）は、比較的多く見られる組み合わせである。各声母の分類にも関係の遠近があり、これらは比較的近いものと認識されていたようである。

表3-9　音符と清濁を越えて声母が異なっている形声文字

文字	上古音〜音読み	音符	音符の上古音〜音読み
起（起）	古kiə→中kiə→呉キ漢キ	巳	古ziə→中ziə→呉漢シ
技	古gie→中gie→呉ギ漢キ	支	古tyie→中tsyie→呉シ漢シ
岐	古gie→中gie→呉ギ漢キ	〃	〃
険（險）	古hiam→中hiem→呉ケム-ケン漢ケム-ケン	僉	古tsiam→中tsiem→呉セム-セン漢セム-セン
検（檢）	古kiam→中kiem→呉ケム-ケン漢ケム-ケン	〃	〃
験（驗）	古ngiam→中ngiem→呉ゲム-ゲン漢ゲム-ゲン儀ケン	〃	〃
絹	古kiuan→中kiuen→呉クヱン-ケン漢クヱン-ケン	肙	古iuan→中iuen→呉ヱン-エン漢ヱン-エン
使	古shiə→中shiə→呉シ漢シ	吏	古liə→中liə→呉リ漢リ
始	古syiə→中syiə→呉シ漢シ	台	古tə＋lyiə→中tɒi＋yiə→呉タイ＋イ漢タイ＋イ
治	古diə→中dyiə→呉ヂ-ジ漢チ	〃	〃※新字体の「台」は「臺」への仮借
詩	古syiə→中syiə→呉シ漢シ	寺	古ziə→中→ziə呉ジ漢ジ
似	古ziə→中ziə→呉ジ漢シ	以	古lyiə→中yiə→呉イ漢イ
視（視）	古zyiei→中zyi→呉ジ漢シ	示	古dyiei→中→dzyi呉ジ漢シ

82

文字	上古音～音読み	音符	音符の上古音～音読み
純	(古)tyuən＋zyiuən→(中)tsyiuen＋zyiuen→(呉)シュン＋ジュン(漢)シュン＋シュン	屯	(古)tiuən＋duən→(中)tyiuen＋duən→(呉)チュン＋ドン(漢)チュン＋トン
序	(古)zia→(中)zio→(呉)ジョ(漢)ショ	予	(古)lyia→(中)yio→(呉)ヨ(漢)ヨ
除	(古)dia→(中)dyio →(呉)ヂョ-ジョ(漢)チョ	余	(古)lyia→(中)yio→(呉)ヨ(漢)ヨ
笑	(古)siau→(中)sieu →(呉)セウ-ショウ(漢)セウ-ショウ	夭	(古)iau→(中)ieu →(呉)エウ-ヨウ(漢)エウ-ヨウ
焼(燒)	(古)syiau→(中)syieu→(呉)セウ-ショウ(漢)セウ-ショウ	堯	(古)ngiau→(中)ngieu→(呉)ゲウ-ギョウ(漢)ゲウ-ギョウ
場	(古)diang→(中)dyiang→(呉)ヂャウ-ジョウ(漢)チャウ-チョウ	易	(古)lyiang→(中)yiang→(呉)ヤウ-ヨウ(漢)ヤウ-ヨウ
腸	(古)diang→(中)dyiang→(呉)ヂャウ-ジョウ(漢)チャウ-チョウ	〃	〃
神(神)	(古)dyien→(中)dzyien →(呉)ジン(漢)シン	申	(古)syien→(中)syien →(呉)シン(漢)シン
税(稅)	(古)syiuat→(中)syiuɛi→(呉)セイ(漢)セイ(慣)ゼイ	兌	(古)duat＋lyiuat→(中)duɑi＋yiuet＋yiuɛi→(呉)ダイ＋エチ＋エイ(漢)タイ＋エイ(慣)ダ
説(說)	(古)syiuat＋lyiuat→(中)syiuet＋syiuɛi＋yiuet→(呉)セチ＋セイ＋エチ(漢)セツ＋セイ＋エツ(慣)ゼイ	〃	〃
船	(古)dyiuan→(中)dzyiuen →(呉)ゼン(漢)セン	㕣	(古)lyiuan→(中)yiuɛn →(呉)エン(漢)エン
態	(古)tə→(中)tɒi→(呉)タイ(漢)タイ	能	(古)nəng＋nə→(中)nəng＋nɒi →(呉)ノウ＋ナイ(漢)ドウ＋ダイ
店	(古)tiam→(中)tiem →(呉)テム-テン(漢)テム-テン	占	(古)tyiam→(中)tsyiem →(呉)セム-セン(漢)セム-セン
点(點)	(古)tiam→(中)tiem →(呉)テム-テン(漢)テム-テン	〃	〃
転(轉)	(古)tiuan→(中)tyiuɛn →(呉)テン(漢)テン	専(專)	(古)tyiuan→(中)tsyiuɛn →(呉)セン(漢)セン
伝(傳)	(古)diuan→(中)dyiuɛn →(呉)デン(漢)テン	〃	〃
答	(古)təp→(中)tɒp →(呉)タフ-トウ(漢)タフ-トウ	合	(古)ghəp→(中)ghɒp →(呉)ガフ-ゴウ(漢)カフ-コウ

文字	上古音～音読み	音符	音符の上古音～音読み
奈	(古)nat→(中)nɑi+nɑ →(呉)ナイ+ナ(漢)ダイ+ダ	大	(古)dat+dai→(中)dɑi+dɑ →(呉)ダイ+ダ(漢)タイ+タ
難(難)	(古)nan→(中)nɑn→(呉)ナン(漢)ダン	美	(古)han→(中)hɑn→(呉)カン(漢)カン
秒	(古)miau→(中)miɛu →(呉)メウ-ミョウ(漢)ベウ-ビョウ	少	(古)syiau→(中)syiɛu →(呉)セウ-ショウ(漢)セウ-ショウ
約	(古)iauk→(中)iak→(呉)ヤク(漢)ヤク	勺	(古)tyiauk+zyiauk→(中)tsyiauk+zyiak→(呉)ジャク+シャク(漢)シャク+シャク
薬(藥)	(古)lyiauk→(中)yiak →(呉)ヤク(漢)ヤク	楽(樂)	(古)ngauk+lauk→(中)ngɔk+lɑk →(呉)ガク+ラク(漢)ガク+ラク
律	(古)liuət→(中)liuet →(呉)リチ(漢)リツ	聿	(古)lyiuət→(中)yiuet →(呉)イチ(漢)イツ

◈ **慣用音で声母が変化した文字**

　声母が不規則に変化することは日本でも見られ、これは「慣用音」に該当する。

　慣用音における声母の変化には、大きく分けて2通りがあり、ひとつは慣用音によって形声文字と音符の声母が分かれてしまうものである。例えば、「土」は漢音が「ト」であり、それを音符とする「徒」も漢音が「ト」である。しかし、「土」については慣用音の「ド」の方が現在では多く使われるため、発音上での乖離が起こっている。

　もうひとつは、逆に慣用音によって形声文字と音符の声母が一致するものである。例えば、「次」は旧字体が「次」であり、「欠」を意符、「二」を音符とする形声文字である。そして、「次」は漢音・呉音ともに「シ」であるが、「二」は漢音がジ、呉音がニであって、声母が異なっている。しかし、「次」は慣用音で「ジ」と読まれるため、結果的に「二」の漢音と一致した。おそらく「次」が「二番目」の意味にも使われることから、「二」に合わせ

た音読みにしたものであろう。

　ちなみに、これとは逆に、「次」を音符とする「姿」や「資」などは、呉音・漢音ともに「シ」であり、元は「次」と発音が一致していたが、「次」が慣用音の「ジ」で使われるようになったため、結果として現在の音読みでは声母が異なっている。

　また、「研」は旧字が「硏」であり、「幵（ケン）」という文字を音符とする。これも「研」が呉音・漢音ともに「ゲン」なので、「幵」とは声母にずれがあったが、「研」が慣用音で「ケン」と読まれたため、結果的に声母のずれはなくなった。下図に挙げたように、長い時代を経て、形声文字と音符の発音が同じになったのである。

　この場合、おそらく「幵」の発音によって「研」を読んだため、発音の一致が起こったのであろう。こうした音符によって文字を読む方法は、かつては「百姓読み」などと呼ばれて蔑まれたが、形声文字と音符の発音は高確率で一致するので、かなり有効であることも事実である。そして、間違った音符読みが慣用音として定着すると、音符との発音のずれを気にしなくてよくなるので、便利な方法であったと言えなくもない。

研・幵の字音史

	上古音	中古音	音読み	慣用音
研(硏)	ngian	ngien	ゲン	ケン
幵	kian	kien	ケン	

　表3-10に、慣用音によって音符と声母が離れたり一致したりした形声文字を挙げた。ただし、形声文字と音符が慣用音で斉一的に変化した場合には、表1-2に慣用音によって掲載している。

表3-10 慣用音によって声母の関係に変化があった形声文字

文字	上古音〜音読み	音符	音符の上古音〜音読み
危(危)	固ngiuai→中ngiue→呉グヰ-ギ漢グヰ-ギ→慣キ	厃	固ngiuai→中ngiue→呉グヰ-ギ漢グヰ-ギ
研(研)	固ngian→中ngien→呉ゲン漢ゲン→慣ケン	幵	固kian→中kien→呉ケン漢ケン
滋(滋)	固tsiə→中tsiə→呉シ漢シ→慣ジ	茲	固dziə→中dziə→呉ジ漢シ
次(次)	固tsiei→中tsi→呉シ漢シ→慣ジ	二	固nyiei→中nzyi→呉二漢ジ
茨(茨)	固dziei→中dzi→呉ジ漢シ	次(次)	固tsiei→中tsi→呉シ漢シ→慣ジ
姿(姿)	固tsiei→中tsi→呉シ漢シ	〃	〃
資(資)	固tsiei→中tsi→呉シ漢シ	〃	〃
徒	固da→中du→呉ヅ-ズ漢ト	土	固ta→中tu→呉ツ漢ト→慣ド
増(増)	固tsəng→中tsəng→呉ソウ漢ソウ→慣ゾウ	曽(曾)	固dzəng+tsəng→中dzəng+tsəng→呉ゾウ+ソウ漢ソウ→慣ゾウ
賃	固niəm→中niem→呉ニム-ニン漢ヂム-ジン→慣チン	任	固nyiəm→中nzyiem→呉ニム-ニン漢ジム-ジン
判	固puan→中puan→呉ハン漢ハン→慣バン	半	固puan→中puan→呉ハン漢ハン
評	固bieng→中bieng→呉ビャウ-ビョウ漢ヘイ→慣ヒョウ	平	固bieng→中bieng→呉ビャウ-ビョウ漢ヘイ→慣ヒョウ

◈ 音符の変形

　第2章では音符の形が崩れた形声文字を取り上げたが、それは音符と声母が異なる形声文字にも見ることができる。

　例えば「寺」は、西周代には手の形の「又（彐）」を意符、「止（㞢）」を音符とする形（㞢）であり、「もつ」が原義であった。その後、東周代に官僚制が発達すると、「役所」の意味に転用され、さらに仏教の流入後は「寺院」の意味にも用いられた。

　上古音は寺が [ziə ジョ]、止が [tyiə ティオ] であり、声母が異なっ

ている。ただし、初めから異なっていたものを用いたのか、音符として使用された後に変わったのかは不明である。

そして字形は、東周代に意符の「又」を形が近い「寸」に変えた「𡭙」となり、さらに秦代〜隷書で音符の「止」が「土」に簡略化されて楷書の「寺」になった。「土」は音読みが「ト」であり、音符の働きを失っている。また、原義については、東周代に持つものとして器物の形の「口（ᵁ）」を意符として追加した「𢸅」が作られており、秦代にさらに意符が手（扌）に変わって楷書の「持」になっている（寺と持は音読みが一致）。

「在」も、意符・音符ともに変形した文字である。当初は「才」が仮借によって「ある」の意味で用いられていたが、後に音符として「士」を追加した形声文字になった。さらに、「士」が類似形の「土」になり、「所在地」としての「土」を意符、才を音符とする「𡉈」の形になったが、そこから「才」の部分が「𠂔」に変形したのが楷書の「在」である。

現在では「才」が「サイ」、「在」が「ザイ」で読まれることが多いが、いずれも中古音は [dzɒi ヅァイ] で同一であり、呉音が「ザイ」、漢音が「サイ」である。「才」は漢音、「在」は呉音が使用されているというだけで、発

寺・持の字形史

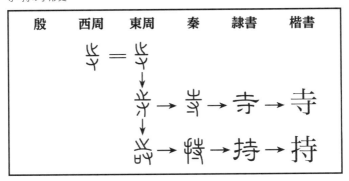

殷	西周	東周	秦	隷書	楷書

音には変化がない。

「存」は、「在」の略体としての「才」を意符とする文字であり、それに「子」を加えた字形である。「子」は「存」の意味に関係しないので、音符として使われていると思われるが、「子」の中古音は [tsiə ツィオ] であり、「存」の中古音の [dzuən ヅォン] とは異なる。

したがって、何らかの文字を省声として使用していると考えられる。「子」を含み、最も発音が近い文字は「孫（ソン）」であり、中古音が [suən スオン] なので、その省声とするのが妥当である。ただし、この場合でも声母に相違がある。

「前（旧字体は前）」は、用法も変化した文字である。「まえ」を意味する文字として、東周代には「辶」を意符、「歬（セン）」という文字を音符とする形声文字（遄）が使われていた。しかし、秦代には使われなくなり、それに代わって切ることを表した「前」が仮借の用法で「まえ」の意味に使われるようになった。

「前」は、秦代には刀（刂）を意符、歬（歬）を音符とする字形（歬）であった。その後、字形が変化し、「歬」が「歬」に、「刀」が「刂」になり、楷書の「前（前）」になっている。また、原義の表示としては、楷書で「刀」を増し加えた「剪」が作られている。

前・剪の字形史

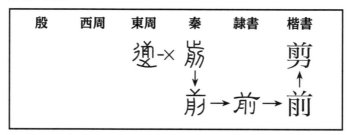

発音は、歬・前のいずれも中古音が［dzian ヅィアン ］、呉音が「ゼン」、漢音が「セン」であるが、「前」は呉音で読まれ、「歬」は漢音で読まれることが多い。なお、歬は原義が「すすむ」であり、「前」とも意味が近く、結果的に亦声になっている。

　特殊なものが「炭」であり、旧字体が「炭」である。これは、「火」を意符とするが、「屵（ガツ）」では発音の違いが大きすぎるので、「岸（ガン）」の省声と推定される。いずれにせよ、新字体の「炭」が元の形を残した状態になっている。

　一方、旧字体の「炭」は下部を「灰」の旧字体の「灰」に変えたものであるが、「灰」は手（ナ）で火を持つ形であり、成り立ちは全く異なっている。旧字体の「炭」は誤字と言ってもよいほどの俗字である。

　音符の形が大きく変化した例として、「疑」がある。初形は「秂」（「㠱」の部分）であり、道に迷った人が左右を見回している様子を表し、そこから「まよう」や「うたがう」の意味に使われた。字形は後に意符として「止」、音符として「子」が加えられたが、いずれも変形しており、特に「子」はその古い形（㜷）が変形して楷書の「マ」の部分になっている。

　「年」にいたっては、元は穀物を表す「禾」を意符、「千」を音符とする形であったが、楷書では各部分が融合しており、どこまでが「禾」でどこからが「千」かの区別はほとんどできなくなっている。「春」も同様に、「日」と「艸」が意符、「屯」が音符の形であったが、「艸」と「屯」が融合して「𡗗」になっている。

◈ 音符が変形した文字（声母の相違あり）

　表3-11に、音符が変形した形声文字のうち、文字と音符で声母のみに相違があるものを一覧にした（呉音・漢音の相違を含む）。表2-2と同様に、

「意符」と「本来の音符」を組み合わせると元の形が復元できる。

意符も変形しているものは、本来の意符を表示し、それに「†」を付した。会意文字の亦声については、便宜上、発音を表示しない方の部分を「意符」の欄に挙げた。意符が2つある文字は両方表示している。また、楷書の字形では意符と音符が融合しており分割が不可能な場合は、意符に「‡」を付し、変化した形は「×」で示した。

表3-11 音符が変形した形声文字(声母のみ音符との相違あり)

文字	上古音〜音読み	意符	本来の音符	上古音〜音読み	変化した形
疑	固ngiə→中ngiə →呉ギ漢ギ	矣+止†	子	固tsiə→中tsiə →呉シ漢シ	ユ
在	固dzə→中dzɒi →呉ザイ漢サイ	土	才	固dzə→中dzɒi →呉ザイ漢サイ	ナ
寺	固ziə→中ziə →呉ジ漢シ	又†	止	固tyiə→中tsyiə →呉シ漢シ	土
春	固tyiuən→中tsyiuən →呉シュン漢シュン	日+艹‡	屯	固duən+tiuən→中duən+tyiuen→呉ドン+チュン漢トン+チュン	×
傷	固syiang→中syiang→呉シャウ-ショウ漢シャウ-ショウ	イ	昜	固lyiang→中yiang→呉ヤウ-ヨウ漢ヤウ-ヨウ	昜
承	固zyiəng→中zyiəng →呉ジョウ漢ショウ	手†	丞	固zyiəng→中zyiəng →呉ジョウ漢ショウ	氶
信	固sien→中sien →呉シン漢シン	言	人	固nyien→中nzyien →呉ジン漢ニン	イ
仁	固nyien→中nzyien →呉ジン漢ニン	二	//	//	//
前(前)	固dzian→中dzien →呉ゼン漢セン	刂	歬	固dzian→中dzien →呉ゼン漢セン	歬
存	固dzuən→中dzuən →呉ゾン漢ソン	才	孫	固suən→中suən →呉ソン漢ソン	子
炭(炭)	固tan→中tɑn →呉タン漢タン	火	岸	固ngan→中ngɑn →呉ガン漢ガン	厂

文字	上古音〜音読み	意符	本来の音符	上古音〜音読み	変化した形
年	㊤nien→㊥nien →㊦ネン㊥デン	禾‡	千	㊤tsien→㊥tsien →㊦セン㊥セン	×
覧(覽)	㊤lam→㊥lɑm→㊦ラム - ラン㊥ラム - ラン	見	監	㊤kam→㊥kam→㊦カム - カン㊥カム - カン	臨

コラム
発音のずれが起こる原因

　形声文字とその音符の発音は、完全に一致しなくても、ある程度の規則性を持った相違や変化が多かった。しかし、そうした規則から外れた音符の使用も一定数が見られる。形声文字は「意味と発音で表示する文字」であるはずが、なぜ不規則な相違が出現したのだろうか。

　その理由のひとつとして、歴史的に変化したことが想定される。特に、比較的近い声母であれば言葉の認識は容易であり、表3-8で挙げた形声文字も、いくらかは作られた後に音符との相違が発生したと推定される。

　しかし、発音の変化は、そうした近似のものだけではない。大きな変化が起こる原因として、方言の流入が想定できる。

　古代中国で最初の王朝は、紀元前2000年ごろ黄河中流域に成立した。考古学的に「二里頭文化」と呼ばれるが、王朝の名前は伝わっていない（「夏王朝」は後代に作られた伝説である）。その後、黄河の下流方向（東方）から別の勢力が台頭し、二里頭文化の王朝を滅ぼして建国した。これが殷王朝である。さらに後に、今度は黄河の上流方向（西方）から周が殷を滅ぼして王朝を樹立した

　こうした王朝の相克により、首都は東西に大きく移動した。それに伴い、それぞれが首都とした地方の方言が主に用いられるようになったことは想像に難くない。後代でも、北方の勢力が強かった唐代や清代には北方方言が大きな影響力を持った。そうした現象が、古代にも起こっていたと推測されるのである。

　逆に言えば、「炭（タン）」に対する音符（省声）の「岸（ガン）」や、「答（ト

92

ゥ）」に対する音符の「合（ゴウ）」のような発音の大きな違いは、そうした背景の相違がなければ起こりにくいものであろう。

　その後も王朝交代が繰り返されており、周王朝は内乱によって東方に遷都し、さらに西方から秦王朝が中国を統一した。前漢王朝は西方に都を置いたが、これも後に東方を本拠地とする後漢王朝へと変わった。

　方言に由来する可能性が高い音読みを持つ文字として、「朕」がある。朕は、「勝（ショウ）」や「騰（トウ）」などの音符として使われており、本来の上古音では韻尾が [ng] であったことは間違いない。「朕」を音符とする文字の平均的なところで [tiəng ティオウ] または [diəng ディオウ] が本来の発音だったと推定される。しかし、西方から中国を統一した秦の始皇帝は、この文字を皇帝の一人称とし、[diəm ディオム] と読ませた（呉音が「ジン」、漢音が「チン」）。これは秦王朝の都があった咸陽地方（現在の陝西省）の方言に由来する発音であろう。

　そのほかにも、発音の相違が発生する原因として、亦声が挙げられる。亦声は、意味と発音の両方を表示した部分であるが、文字の起源としてどちらの要素が重視されたのかを考えなければならない。

　もし、意味も発音も近い文字があれば問題はないのだが、そうでないならば、（Ａ）意味は近いが発音がやや異なる文字、（Ｂ）発音は近いが意味がやや異なる文字、のいずれかから選ぶことになる。そして、このうち（Ａ）が選択された場合、音符と文字の発音に相違が生じることになる。

　いずれが選択されたかを証明することは難しいのであるが、少なくとも文字を研究する上では、両方の可能性を考慮しなければならない。

　このように、発音の相違が発生する理由は多様であり、また必ずしも近似の変化ではない。ところが、これまでの研究には、この点を理解しないものがあった。

特に近年には、同じ音符で異なる発音の文字も、元をたどればすべて同じ発音であったと仮定し、発音の大きな変化や非連続的な変化を認めないという研究が少なからず見られる。

　この立場の研究では、例えば「貿（中古音 [məu]）」や「留（中古音 [liəu]）」に音符として使われている「卯」の上古音について、両者を足し合わせて [mləu] と推定する。同様に、両（兩）（中古音 [liang]）の字形に含まれる丙（中古音 [piɐng]）の上古音を [plang] と推定している。

　結論を言ってしまえば、「卯」の「ボウ」と「リュウ」は転注の結果であり（第2章を参照）、一字二音が別々に音符として使われたものである。また、「兩」は字源が馬具または錘とされ、建物や器物の土台の象形である「丙」とは字形が偶然近かったに過ぎない。

　ここまでに述べたように、同一音符の発音が非連続的に変化する原因として、①方言の流入、②意味を重視した亦声、③引伸義や転注による一字二音、④起源が違う形が偶然に近くなったものがある。そのほか [ly] [k] [p] の3種については、⑤代用音の用法（第5章末のコラムで述べる）があると筆者は考えている。

　このように、漢字とその音符には非連続的な発音の相違が広く見られるのであるが、前述のように、それを認めず複数の発音を足し合わせて上古音を復元しようとする研究が近年に多い。

　この傾向は、西洋の研究者に顕著である。ヨーロッパでは表音文字が使用されているので、連続的な変化だけを意識すればよく、その手法を漢字に持ち込んだのであろう。しかし、漢字は字形と発音とが必ずしも一致しないので、ヨーロッパで発達した言語学の常識は通用しないのである。

　さらに言えば、ヨーロッパの研究者は、漢字の歴史までも理解した上

で分析していることは少なく、そのため亦声のほか引伸義や転注などが考慮できていないのではないかと思われる。

　漢字の発音の研究、特に上古音の研究は、資料が少ないため確実な証明は難しい。しかし、だからといって、単一の基準だけで研究するのは、あまりにも非科学的である。発音の相違にはさまざまな要因があることを知り、そのうえで最も可能性が高いものを提示すべきであろう。なお、複声母説 (声母に複数の子音を想定する説) については、その出現過程と問題点を本書末の「附論 2」で詳しく述べる。

第4章

韻母の変化

◈ 漢語の韻母の構造

　第4章では、韻母の相違や変化について述べていく。

　韻母は、漢字の発音（音節）のうち声母を除いた部分であるが、さらに「介音(かいおん)」「主母音(しゅぼいん)」「韻尾(いんび)」の３カ所に分けることができる。

　そのうち主母音が最も重要であり、すべての漢字が主母音を持っている（現代の特殊な表記を除く）。一方、介音や韻尾は、それを持たない漢字もある。

　介音は、声母と主母音をつなぐ部分であり、大きく分けて [i] と [u] の２系統がある。それぞれの内部にも微細な違いがあるが、音読みへの影響は少ないので、本書では表記上で [i] と [u] にまとめる。

　韻尾については、まず「陰声(いんせい)」「入声(にっしょう)」「陽声(ようせい)」の３種に分類される。このうち入声は無声子音（[k] [t] [p]）で終わる発音、陽声は鼻濁音（[ng] [n] [m]）で終わる発音である。陰声は母音で終わる発音であり、主母音に韻尾が付かないもの（無韻尾）のほか、韻尾として [i] が付くものがある（中古音では [u] の韻尾も存在）。

　こうした韻母の構造は、声母と同じく音読みにも反映されている。例として、第3章でも取り上げた6文字について、同様の形式で以下に韻母とその区分を挙げた。「∅」はその部分がないことを示している。

　このうち介音については、多くが「∅」になっているが、後述するように

文字	音読み	ローマ字	声母	韻母	介音	主母音	韻尾
雲	ウン	un	∅	un	∅	u	n
潔	ケツ	ketu	k	etu	∅	e	tu
裁	サイ	sai	s	ai	∅	a	i
張	チョウ	tiou	t	iou	i	o	u
複	フク	puku	p	uku	∅	u	ku
理	リ	li	l	i	∅	i	∅

中古音の介音の [i] が必ずしも日本語の音読みでは拗音にならないためである。また介音の [u] の少なさについては、日本の仮名遣いで表現されにくいことも原因である。

主母音についても、後述するように介音の影響などで中古音と音読みは必ずしも一致しない。主母音については、現代仮名遣いでも変化があるので、中古音からはかなり乖離している文字もある。

韻尾の音読みは中古音をかなり正確に反映しているが、やはり現代仮名遣いでは [m] が「ム」から「ン」になり、[p] が「フ」から「ウ」になるという変化が見られる。

なお、中古音では、意味の区別において声調（高低のイントネーション）も使われていたのだが、日本の音読みには反映されていないので、本書では詳述を省く。

◈ **上古音の分類**

上古音の押韻（韻を踏むこと）では、韻母のうち主母音と韻尾が重視された。春秋時代の詩を集めた『詩経』でも、それが押韻の基準になっている。

表 4-1 に、上古音の主母音・韻尾の一覧を挙げた。3 系統 8 種の韻尾と、6 種の主母音が組み合わされる。一部には使われない組み合わせもあり、合計 30 種類である。

主母音のうち、上の三段（[ə, a, e]）には異論が少ないが、下の三段（[u, au, ɔ]）については [əu, au, o] や [o, ɔ, u] など諸説ある（本書は『古今音表』に従い [u, au, ɔ] を使用する）。

そのほか、表のうち [ɔng] が存在しなかったとする説や、[ai] を無韻尾の [ɑ] と見なして 7 つ目の主母音があったとする説などがある。ただし、

日本の音読みは中古音を元にしており、上古音は直接的には音読みに影響しないので、ここでは深く立ち入らない。上古音の韻母体系の成立については、詳しくは本書末尾の「附論3」で述べる。

表4-1 上古音の主母音・韻尾の組み合わせ

韻尾	陰声		入声			陽声		
主母音	無	i	k	t	p	ng	n	m
ə	ə	əi	ək	ət	əp	əng	ən	əm
a	a	ai	ak	at	ap	ang	an	am
e	e	ei	ek	et		eng	en	
u	u		uk			ung		
au	au		auk					
ɔ	ɔ		ɔk			ɔng		

図C　中古音の主母音

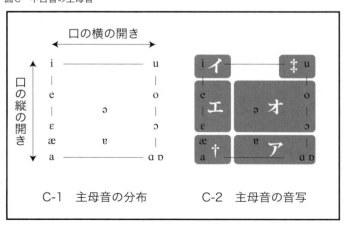

C-1　主母音の分布　　　　C-2　主母音の音写

❖ 中古音の主母音と呉音・漢音の音写

　中古音は、上古音と比べて、介音・韻尾に大きな違いはないが、主母音が増加し、10種類以上になる。諸説あるが、図C−1に本書が依拠する『古今音表』が想定する主母音の分布を図示した。

　母音は、口の縦の開きと気道の狭まりの位置によって発声が調整される。したがって、厳密には、図Cのうち「口の横の開き」は舌と上顎の狭まりが前にあるか後ろにあるかなのだが、横に大きく開くと前に、開かないと後ろになるので、口の横の開きと考えた方が分かりやすい。また、口を縦に開くと発声位置が制限されるので、言語学や音声学では、いびつな四角形で表現されるが、分かりやすく長方形とした。

　図C−1のうち、縦にも横にも開きが小さい [u] は日本語の「ウ」に近く、横に大きく開いて縦には開かない [i] は日本語の「イ」に近い。また、[i] からやや口を縦に開くと [e] になり、[u] からやや縦に開くと [o] になる。ここまでは日本語の母音とほぼ対応している（共通語の場合。方言によっては相違が生じる）。

　ここからは日本語（共通語）にはない母音であり、まず、横の開き・縦の開きも中間的な [ə] という発音がある。日本語で言うと、おおよそ「エ」と「オ」の間の発音と考えてよい。また、[e] からさらに縦に開くと [ɛ] や [æ] になり、[o] からさらに縦に開くと [ɔ] になる。そして、口を横に開かず、縦にだけ大きく開くと [ɑ] や [ɒ] になる（[ɑ] は口のすぼまりが [ɒ] よりも弱い）

　日本では、昔は「ア」の発音として [a] が推奨されることもあり、これは縦にも横にも口を大きく開く発音である。しかし、実際には「エ」や「オ」と間違われない程度に口の開きを小さくした方が効率的であり、現在では主に [ɐ] が使われている。

　以上が推定される中古音の主母音であるが、図C−2に、日本の音読

みではどのように音写されているのかを表示した。なお、主母音は介音の影響によって音写が変わるので、図は介音がない場合に限定している。

音読みでは、主母音の [i] は「イ」、[e] と [ɛ] は「エ」で音写される。また、[o] と [ɔ] のほか、[ə] は「オ」で音写されることが多い。[ɐ] [ɑ] [ɒ] は「ア」である。

図 C–2 のうち、「†」をつけた範囲（[a] [æ]）は、呉音では「エ」、漢音では「ア」で音写されやすい。例えば「家 (中古音 [ka])」は、呉音が「ケ」、漢音が「カ」である。また「‡」の部分（[u]）は、呉音では「ウ」になりやすく、漢音では必ず「オ」になる。例えば「都 (中古音 [tu])」は、呉音が「ツ」、漢音が「ト」である。

なぜ、このような相違が発生したのかというと、中国側の発音の相違が推定される。呉音は南北朝時代 (5〜6世紀) の南方方言を元にしており、漢音は隋唐代 (7〜8世紀) の北方方言を元にしているので、呉音と漢音の相違は、元になった発音の時代差あるいは地域差である可能性が高い。

ただし、日本側の時代差を反映している可能性もある。日本では 8 世紀初頭まで母音が 8 種あるいは 6 種あったとする説があり、これは万葉集などの当て字 (いわゆる万葉仮名) の研究により提示されたものである。古代の母音については、まだはっきりと結論は出ていないようだが、音写の相違には、日本語の母音分布の時代差を原因とする部分があるかもしれない。

◈ 介音を含む韻母

次に介音について述べる。2 系統の介音のうち、[i] は唇を縦方向にに狭くしないので「開口介音」と呼ばれる。日本語の拗音に近い発音で

ある。

　一方、[u] は唇を狭めるので「合口介音」と呼ばれる。日本語でこれに
近いのは現在では「ワ」のみであるが、古くはワ行のワ [ua]・ヰ [ui]・ヱ
[ue]・ヲ [uo] のほか、クヮ行（クヮ [kua]・クヰ [kui]・クヱ [kue]・クヲ [kuo]）とグヮ
行（グヮ [gua]・グヰ [gui]・グヱ [gue]・グヲ [guo]）があった。

　漢字の発音は、上古音から中古音へと移行する際に、介音の有無に
よって主母音が変化する場合や、韻尾までも変化する場合が見られる。

　さらに、中古音は上古音よりも主母音の種類が多く、上古音では同じ
韻母だったものが、中古音で複数に分かれることもある（介音の微細な差異
も原因とされる）。逆に、上古音では別の韻母だったものが、中古音では同
じ韻母になることもある。

　次頁の図 D に、上古音での無韻尾の [ə]、および [i] 韻尾の [əi] の系
統の代表的な変遷を挙げた。上古音では、それぞれ無介音、[i] 介音、[u]
介音、および両方の介音が付く [iu] 介音があり、各系統が 4 種類になる。

　図 D の [ə] の系統について、上古音の [iə] はそのまま中古音の [iə]
になっているが、[ə] は主母音が [ɒ] に変わり、しかも韻尾の [i] が加え
られて [ɒi] という発音になっている。また [uə] も韻尾に [i] が加えられて
[uɒi] となり、さらに呉音では「ウアイ（ワイ）」、漢音では「ウエ（ヱ）」と音
写の相違も見られる

　図 D の [əi] の系統では、[əi] は、中古音では [ə] から変わった [ɒi]
に合流しており、いずれも音読みでは韻母部分が「アイ」で同一になる。
また上古音の [iəi] は、中古音では [i] と [iəi] に分かれている。

　まれに中古音から日本の音読みで分化することもある。上古音の [iuə]
は中古音の [iuə] になっており、呉音で「ウ」、漢音で「ユウ」になること
が多いが、音読みでは唇音声母の「ユウ」韻母、すなわち「ヒュウ」「ビュ

ウ」「ミュウ」はほとんど使われないため、その場合には漢音が「ウウ」または「ウ」になることが多い。例えば「久」(中古音 [kiəu]) の場合は漢音が「キュウ」だが、同じ韻母でも「富」(中古音 [piəu]) は漢音が「フウ」であり、「婦」(中古音 [biəu]) は漢音が「フ」である。

逆に、日本の音読みで同化することもあり、[i] と [iə]、および [iuəi] の一部が音読みでは「イ」になっている。例えば、「四」と「思」は中古音がそれぞれ [si] と [siə] であり、同様に「秘」と「飛」は [pi] と [piuəi] である。

古代の日本人は、中古音をできるだけ忠実に音写しようとしたのであるが、日本語の方が発音の種類が少ないこともあり、完全な音写はでき

図D　韻母の [ə] 系統と [əi] 系統の変化

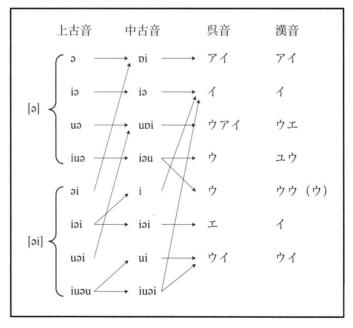

なかった。特に呉音では、後述するように音写のぶれが大きな文字も見られる。

さらに、現代仮名遣いでは、[u] 介音の表現が「ワ」以外には使われなくなっており、図 D のうち「ウアイ」は「ワイ」を除き「アイ」になり、「ウエ」はすべて「エ」になっている。例えば「外」は字音仮名遣いでは呉音が「グエ」、漢音が「グヮイ」であるが、現在ではそれぞれ「ゲ」と「ガイ」になっている。同様に、「ウイ」は字音仮名遣いでは「ヰ」であるが、現代仮名遣いではすべて「イ」になっている。

◈ **呉音と漢音の音写のずれ**

すでに述べたように、同じ中古音であっても、呉音と漢音では音写が異なる場合がある。そこで、中古音が同じで、かつ呉音と漢音で韻母の部分に相違がある形声文字とその音符を表 4-2 に挙げた。中古音のローマ字読みなどについては、表 3-7 と同じ方法を用いている（同様に形声文字が常用漢字として呉音と漢音の一方だけが使われ、かつ音符と読みが一致する場合には表 1-2 に編入した）。

「絵」（呉音「エ」、漢音「カイ」）や「頭」（呉音「ズ」、漢音「トウ」）などは、一見すると声母にも相違があるように見えるが、第 3 章で述べたように、呉音と漢音の音写方法の相違や現代仮名遣いにおける変化であり、中古音には違いがない。

「装」（呉音「ショウ」、漢音「ソウ」）と「想」（呉音「ソウ」、漢音「ショウ」）については、いずれも中古音の韻母が [iang] だが、呉音と漢音の音写が逆になっている。また「礼」については、旧字体が「禮」であるが、「豐（ホウ）」（旧字は豐）ではなく「豊（レイ）」という類似形の別字を音符とする形声文字である。

表4-2 呉音と漢音で音写が異なる形声文字

文字	中古音	呉音	漢音	音符	音符の呉音	音符の漢音
絵(繪)	[ghuɑi グヮイ]	ヱ-エ	クヮイ-カイ	会(會)	ヱ-エ	クヮイ-カイ
応(應)	[iəng ヨウ]	オウ	ヨウ	䧹	オウ	ヨウ
遠	[iuɐn ユアン]	ヲン-オン	ヱン-エン	袁	ヲン-オン	ヱン-エン
園	//	ヲン-オン	ヱン-エン	//	//	
願	[ngiuɐn ンギュアン]	グヮン-ガン	グヱン-ゲン	原	グヮン-ガン	グヱン-ゲン
逆	[ngiɐk ンギャク]	ギャク	ゲキ	屰	ギャク	ゲキ
径(徑)	kieng キエイ	キャウ-キョウ	ケイ	巠	キャウ-キョウ	ケイ
経(經)	//	キャウ-キョウ	ケイ	//	//	//
軽(輕)	kiɛng キエイ	キャウ-キョウ	ケイ	//	//	//
境	kiɐng キャウ	キャウ-キョウ	ケイ	竟	キャウ-キョウ	ケイ
鏡	//	キャウ-キョウ	ケイ	//	//	//
景	kiɐng キャウ	キャウ-キョウ	ケイ	京	キョウ	ケイ
功	kung クウ	ク	コウ	工	ク	コウ
供	kiuɔng キュオウ	ク	キョウ	共	ク	キョウ
究	kiəu キョウ	ク	キウ-キュウ	九	ク	キウ-キュウ
仮(假)	ka カ	ケ	カ	叚	ケ	カ
気(氣)	kiəi キョイ	ケ	キ	气	ケ	キ
汽	//	ケ	キ	//	//	//
花	hua クヮ	クヱ-ケ	クヮ-カ	化	クヱ-ケ	クヮ-カ
簡(簡)	kæn カン	ケン	カン	間(閒)	ケン	カン
減	ghɐm ガム+kɐm カム	ゲム-ゲン+ケム-ケン	カム-カン+カム-カン	咸	ゲム-ゲン	カム-カン
勤(勤)	giən ギョン	ゴン	キン	堇	ゴン	キン
織	tsyiək ショク	シキ	ショク	戠	シキ	ショク

文字	中古音	呉音	漢音	音符	音符の呉音	音符の漢音
職	〃	シキ	ショク	〃	〃	〃
政	tsyiɐng ツィエウ	シャウ-ショウ	セイ	正	シャウ-ショウ	セイ
整	〃	シャウ-ショウ	セイ	〃	〃	〃
清(淸)	tsiɐng ツィエウ	シャウ-ショウ	セイ	青(靑)	シャウ-ショウ	セイ
精(精)	〃	シャウ-ショウ	セイ	〃	〃	〃
裝(裝)	chiang チャウ	シャウ-ショウ	サウ-ソウ	壯(壯)	シャウ-ショウ	サウ-ソウ
城	zyiɐng ジェウ	ジャウ-ジョウ	セイ	成	ジャウ-ジョウ	セイ
盛	〃	ジャウ-ジョウ	セイ	〃	〃	〃
誠	〃	ジャウ-ジョウ	セイ	〃	〃	〃
頭	dəu ドウ	ヅ-ズ	トウ	豆	ヅ-ズ	トウ
想	siang シャウ	サウ-ソウ	シャウ-ショウ	相	サウ-ソウ	シャウ-ショウ
箱	〃	サウ-ソウ	シャウ-ショウ	〃	〃	〃
像	ziang ジャウ	ザウ-ゾウ	シャウ-ショウ	象	ザウ-ゾウ	シャウ-ショウ
属(屬)	zyiuok ジュオク	ゾク	ショク	蜀	ゾク	ショク
頂	tieng ティエイ	チャウ-チョウ	テイ	丁	チャウ-チョウ	テイ
町	〃	チャウ-チョウ	テイ	〃	〃	〃
追	tyui テュイ	ツイ	タイ	𠂤	ツイ	タイ
坂	piuɐn ヒュアン	ホン	ハン	反	ホン	ハン
阪	ban バン+piuɐn ヒュアン	バン+ホン	ハン+ハン	〃	〃	〃
満(滿)	muɑn ムアン	マン	バン	㒼	マン	バン

文字	中古音	呉音	漢音	音符	音符の呉音	音符の漢音
盟	mieng ミャウ	ミャウ-<u>ミョウ</u>	メイ	明	ミャウ-ミョウ	メイ
夢(夢)	miung ミュウ	ム	<u>ボウ</u>	莔	ム	ボウ
訳(譯)	yiek イエク	ヤク	<u>エキ</u>	睪	ヤク	エキ
駅(驛)	〃	<u>ヤク</u>	エキ	〃	〃	〃
油	yiəu ヨウ	ユ	<u>イウ-ユウ</u>	由	ユ	イウ-ユウ
遊	yiəu ヨウ	ユ	イウ-ユウ	斿	ユ	イウ-ユウ
勇(勇)	yiuong ユオウ	ユウ	<u>ヨウ</u>	甬	ユウ	ヨウ
礼(禮)	liei リエイ	ライ	<u>レイ</u>	豊	ライ	レイ
領	lieng リエイ	リャウ-リョウ	<u>レイ</u>	令	リャウ-<u>リョウ</u>	レイ

◈ **呉音の音写が異なる文字**

　前項では、同じ中古音でも漢音と呉音で音写が異なる例を挙げたが、実は呉音については、その内部でも複数の音写があることが少なくない。呉音は、当初は主に仏典の読み方として流入したが、仏教の宗派や経典が異なると、同じ文字でも違う音写になっている例が見られる。おそらく耳で聞いて音写したため、ずれが発生したのであろう。

　ちなみに、漢音は中国の都で学ばれ、韻書も利用していたはずなので、呉音のような音写のぶれは少ない（ただし全くないわけはでない）。

　実のところ、本書が挙げる「呉音」も唯一のものではなく、『新字源(新版)』『新漢語林(第二版)』『学研　漢和大字典』の3書で2書以上が一致しているものを挙げているだけである（3書とも異なる場合には中古音に最も近い読みを挙げた）。

　複数の呉音は大抵の場合、長年のうちにうちに1つが残り、そのほか

は使われなくなることが多いが、古くから定着した言葉の場合には、2種類の呉音が残ることも珍しくない。

例えば「女」は、呉音「ニョ」、漢音「ジョ」が一般的であるが、熟語の「女房」などでは呉音の別音写としての「ニョウ」が使われている。また、「弟」も呉音「ダイ」、漢音「テイ」が一般的であるが、「弟子」の場合には「デ」が使われる。現在では、「ニョウ」や「デ」は「慣用音」と見なされることが多いが、慣用音は必ずしも誤読ではなく、歴史上のバリエーションだったものも存在する。

表4-3に、各漢和辞典で呉音表記が異なる例をいくつか挙げた。前掲の3書のほか、『新明解漢和辞典』も記載している。なお、表には現代仮名遣いのみを掲載しており、また「―」は当該の辞典に呉音の記載がない文字である。

表4-3 各漢和辞典における呉音の相違例(現代仮名遣いのみ)

文字	『新字源』	『新漢語林』	『学研漢和大字典』	『新明解漢和辞典』
感	カン	カン	コン	コン
機	キ	ケ	ケ	ケ
急	キュウ	コウ	コウ	キュウ
秋	シュウ	シュウ	シュ	シュ
同	ドウ	ドウ	ズウ	ズ
晩	メン	マン	モン	マン
係	―	ケイ	ゲ	カイ
隊	―	ズイ	ダイ	デ

◈ **呉音の音写の相違**

前述のように、本書は『新字源(新版)』『新漢語林(第二版)』『学研漢

和大字典』の3書で2書以上が一致しているものを「呉音」として挙げているが、その方法で、形声文字とその音符の韻母が呉音のみ異なっているものを表4-4に挙げた。

例えば、「古」は漢音も呉音も「コ」で音写されているが、それを音符とする「苦」は呉音が「ク」で音写され、それが現在では一般に使われている。ちなみに、「故」も同様に漢音が「コ」、呉音が「ク」とされるが、こちらは漢音の「コ」が広く用いられており、結果として音符の「古」と一致するので表1-2に編入した。

同様に、「化」とそれを音符とする「花」は、呉音が「ケ」、漢音が「カ」で音写されているが、「貨」については呉音も「カ」で音写されることが多く、音符との相違が見られる（「花」は表4-2に編入）。

表のうち「否」だけは例外であり、音符の「不」とは漢音の音写に相違がある。

表4-4 音符と呉音の音写に相違がある形声文字

文字	中古音	呉音	漢音	音符	音符の呉音	音符の漢音
貨	[huɑ クヮ]	クヮ-カ	クヮ-カ	化	クヱ-ケ	クヮ-カ
紀	[kiə キヨ]	キ	キ	己	コ	キ
記	〃	キ	キ	〃	〃	〃
苦	[ku ク]	ク	コ	古	コ	コ
空	[kung クウ]	クウ	<u>コウ</u>	エ	ク	コウ
期	[giə ギヨ]	ゴ	キ	其	ギ	キ
提	[zyie ジヨ+diei ディエイ]	ジ+<u>ダイ</u>	<u>シ</u>+テイ	是	ゼ	シ
村	[tsuən ツオン]	ソン	ソン	寸	スン	<u>ソン</u>
否	[piəu ピオウ+bi ビ]	<u>フ</u>+ビ	<u>フ</u>+ヒ	不	フ	<u>フウ</u>

◈ 開口介音の有無による通用

ここからは、漢語の介音について取り上げる。

先に述べたように、上古音の韻母分類では主母音と韻尾が重要であった。一方、介音は相対的に軽い存在であり、特に開口介音の [i] の系統は、あってもなくても仮借の用法や詩の押韻などで通用することが多い。それは形声文字とその音符も同様であり、一方に [i] があり、一方にそれがないものも多い。

例えば「朗」は、「月」を意符、「良」を音符とする形声文字であり、上古音は「朗」が [lang ラウ]、「良」が [liang リャウ] である。ちなみに原義は月が明るいことであり、そこから物事が明らかなことや、性格が明るいことの意味にも使われた。

ただし、前述のように、中古音では上古音から介音が変化することがあり、中古音から音読みでも変化があるため、上古音での介音の [i] がそのまま音読みの拗音になっている例は少ない。また、かつての日本語ではエの段に拗音がなかったので、これも漢語の介音が反映されにくい要因になっている。

例えば「義」は、「羊」を鋸状の刃物である「我」によって犠牲に捧げる様子を表した会意文字であり、「我」が亦声である。上古音は「義」が [ngiai ンギャイ]、「我」が [ngai ンガイ] であるが、中古音でそれぞれ [ngie ンギエ] と [nga ンガ] となり、音読みでは「ギ」と「ガ」になっている。

表 4-5 に、形声文字とその音符で、上古音において [i] 介音のみに相違が見られる文字を一覧にした。無介音と [i] 介音のほか、[u] 介音と [iu] 介音の関係も含んでいる。表の構成は表 3-8 などと同じである。

表4-5　形声文字と音符で開口介音の有無が異なるもの

文字	上古音～音読み	音符	音符の上古音～音読み
暗	(古)əm→⊕ɒm →(呉)オム-オン(漢)アム-アン	音	(古)iəm→⊕iem →(呉)オム-オン(漢)イム-イン
改	(古)kə→⊕kɒi→(呉)カイ(漢)カイ	己	(古)kiə→⊕kiə→(呉)コ(漢)キ
義	(古)ngiai→⊕ngie→(呉)ギ(漢)ギ	我	(古)ngai→⊕ngɒ→(呉)ガ(漢)ガ
結	(古)ket→⊕ket→(呉)ケチ(漢)ケツ	吉	(古)kiet→⊕kiet→(呉)キチ(漢)キツ
顔(顏)	(古)ngan→⊕ngan→(呉)ゲン(漢)ガン	彦(彥)	(古)ngian→⊕ngiɐn →(呉)ゲン(漢)ゲン
居	(古)kia→⊕kio→(呉)コ(漢)キョ	古	(古)ka→⊕ku→(呉)コ(漢)コ
切	(古)tset→⊕tset→(呉)セチ(漢)セツ	七	(古)tsiet→⊕tsiet→(呉)シチ(漢)シツ
選	(古)siuan→⊕siuɛn→(呉)セン(漢)セン	巽	(古)suan→⊕suɒn→(呉)ソン(漢)ソン
祖(祖)	(古)tsa→⊕tsu→(呉)ソ(漢)ソ	且	(古)tsia→⊕tsio→(呉)ソ(漢)ショ
組	(古)tsa→⊕tsu→(呉)ソ(漢)ソ	〃	〃
宝(寶)	(古)pu→⊕pɒu→(呉)ホウ(漢)ホウ	缶	(古)piu→⊕piəu→(呉)フ(漢)フウ
妹	(古)muəi→⊕muɒi→(呉)マイ(漢)バイ	未	(古)miuəi→⊕miuəi→(呉)ミ(漢)ビ
聞	(古)miuən→⊕miuən →(呉)モン(漢)ブン	門	(古)muən→⊕muən →(呉)モン(漢)ボン
桜(櫻)	(古)eng→⊕æng →(呉)ヤウ-ヨウ(漢)アウ-オウ	嬰	(古)ieng→⊕ieng →(呉)ヤウ-ヨウ(漢)エイ
圧(壓)	(古)ap→⊕ap →(呉)エフ-ヨウ-アフ-オウ(漢)アツ	厭	(古)iam＋iap→⊕iem＋iep→(呉)エム-エン＋エフ-ヨウ(漢)エム-エン＋エフ-ヨウ
類(類)	(古)liuət→⊕lui→(呉)ルイ(漢)ルイ	頪	(古)luət→⊕luɒi→(呉)ライ(漢)ライ
朗(朗)	(古)lang→⊕lɒng →(呉)ラウ-ロウ(漢)ラウ-ロウ	良	(古)liang→⊕liang →(呉)ラウ-ロウ(漢)リャウ-リョウ

◆ **合口介音まで含めた通用**

　　例は少ないが、合口介音の有無でも通用する例があり、「背」(上古音[puək フオク])とその音符の「北」(上古音[pək ホク])などがある。ちなみに「北」の原義は「そむく」であり、意味も表す亦声である。後に中古音で

「背」は韻尾が変化したと考えられている（上古音から異なっていたとする説もある）。

　中古音の時代の韻書では、介音はまず [u] 介音があるかどうかで区別され、そのうえで [i] 介音の有無や微細な相違で分類された。上古音でも、[i] 介音よりも [u] 介音の方が強く識別されたと考えられ、そのため [i] 介音の有無の通用に比べて、[u] 介音の場合は明らかに文字数が少なくなっている。

　表 4-6 に、合口介音の [u] の有無で通用する例を挙げた。無介音と [u] 介音、[i] 介音と [iu] 介音のほか、無介音と [iu] 介音の相違も対象としている。

表4-6　形声文字と音符で開口介音の有無が異なるもの

文字	上古音〜音読み	音符	音符の上古音〜音読み
背	古puək →⊕ puɒi →呉ハイ漢ハイ	北	古pək →⊕ pək →呉ホク漢ホク
棒	古bɔng →⊕ bɔng →呉バウ-ボウ漢ハウ-ホウ	奉	古biuɔng →⊕ biuong →ブ漢ホウ
晩	古miuan →⊕ miuɐn →呉マン漢バン	免	古mian →⊕ mien →呉メン漢ベン
緑（綠）	古liuɔk →⊕ liuok →呉ロク漢リョク	录	古lɔk →⊕ luk →呉ロク漢ロク

◈ **中古音の韻尾と音写**

　次は韻尾についてである。

　韻尾のうち、鼻濁音で終わる陽声については、中古音の韻尾が [ng] [n] [m] の 3 種であるが、このうち [n] は「ン」、[m] は「ム」（現代仮名遣いでは「ン」）の音写で固定されており、呉音と漢音で変化はない。

　韻尾の [ng] については、基本的には「ウ」で音写され、「勝（ショウ）」や

「冬（トゥ）」などがある。ただし、漢音のみ、韻母の [iɐŋ] や [iuɛŋ] など が「エイ」で音写されており、「命（メイ）」や「清（セイ）」などがある。この 場合、いずれも呉音では韻母部分が「ヤウ」（現代仮名遣いでは「ョウ」）にな り、「命」は呉音が「ミョウ」、「清」は呉音が「ショウ」である。

　無声子音で終わる入声については、中古音の韻尾が [k] [t] [p] の３ 種であり、音読みでは「フ・ク・ツ・チ・キ」のいずれかになっている。

　入声韻尾のうち、[p] はすべて「フ」で音写され、現代仮名遣いでは 「ウ」になっている。例えば「答（中古音 [tɐp]）」は「タフ→トウ」、「葉（中古 音 [yiɛp]）」は「エフ→ヨウ」である。ただし慣用音では「ツ」になることが 多く、例えば「立（中古音 [liep]）」は「リフ（リュウ）→リツ」、「執（中古音 [tsyiəp]）」は「シフ（シュウ）→シツ」である。

　[t] については、呉音では「チ」、漢音では「ツ」とされており、「吉」（呉 音「キチ」、漢音「キツ」）や、「質」（呉音「シチ」、漢音「シツ」）などがある。ただし 「仏」（呉音「ブツ」、漢音「フツ」）のように、ごく一部に例外もある。

　[k] については「ク」とされることが多いが、中古音の韻母の [iɛk] など は漢音で「エキ」（呉音は「ヤク」）になり、例えば「赤」は呉音が「シャク」、 漢音が「セキ」である。また、中古音の韻母の [iək] などは呉音が「イキ」 （漢音は「ョク」）になり、例えば「力」は呉音が「リキ」、漢音が「リョク」で ある。

　ちなみに、「フクツチキ」というのは日本における入声の通称であるが、 意図したかどうかは分からないものの、下記のように使用比率の順に なっている。

　　フ ……[p] は呉音・漢音のすべてで「フ」になる
　　ク ……[k] の多くが「ク」になる。

ツ ……[t] は漢音のすべてと呉音のごく一部で「ツ」になる。

チ ……[t] は呉音のほとんどで「チ」になる。

キ ……[k] の一部が「キ」になる。

◈ 上古音における陰声と入声の通用

　上古音の韻尾について、詩の押韻では、無韻尾と [k] 韻尾、および [i] 韻尾と [t] 韻尾が通用する関係になっている。次に挙げる表 4-7 は、前掲の表 4-1 について、陰声と入声の対応関係が明確になるように並べ替えたものである（黒枠部分）。

表4-7　上古音の主母音・韻尾の組み合わせ（通用関係の表示）

陰声	入声	陽声
ɔ	ɔk	ɔng
a	ak	ang
e	ek	eng
u	uk	ung
au	auk	
ɔ	ɔk	ɔng

陰声	入声	陽声
ɔi	ɔt	ɔn
ai	at	an
ei	et	en
	ɔp	ɔm
	ap	am

　押韻で無韻尾と [k] 韻尾が通用した理由は、古代には無韻尾の詰まった発音が [k] 韻尾と認識されていたためと考えられている。日本語で表現すると、[a] が「アー」、[ak] が「アッ」のようにとらえられていたのである。

　そのため、形声文字とその音符でも、無韻尾と [k] 韻尾が同じグループと見なされており、対応関係がしばしば見られる。例えば、陰声の「試」（上古音 [syiə ショ]）の音符として入声の「式」（上古音 [syiək ショク]）

が使われたり、入声の「悪」(上古音 [ak アク])の音符として陰声の「亜」(上古音 [a ア])が使われたりしている。

同様に、[i] 韻尾と [t] 韻尾も対応しており、[i] 韻尾の詰まったものが [t] 韻尾であった。もう少し具体的に言えば、[i] の発声位置(気道が最も狭まるところ)で詰まらせると舌音塞音の [t] になるのである。形声文字とその音符でも [ai] と [at] などの通用が見られ、例えば、「秘」(上古音 [piei ヒエイ])の音符として「必」(上古音 [piet ヒエツ])が使われている。

関係が分かりにくいものとして「肺(ハイ)」があり、これは「市(シ)」が音符なのではなく、旧字体の「肺」では「市(ハツ)」を音符としており、[i] 韻尾と [t] 韻尾の通用で「ハイ」の発音表示に用いられている(厳密には中古音における分化)。「市(ハツ)」は、「市(シ)」と字形が近いが、縦画がつながっており一画少ない文字である。

なお、中古音では、入声は陰声ではなく陽声に近いと見なされており、韻書でも入声と陽声がグループを構成している。つまり、「どの発音が近いか」は絶対的ではないのである。

文字ごとにも違いがあり、上古音で陰声・入声の両方で用いられた音符には「専(フ・ハク)」や「莫(ボ・バク)」などがあるが、すべて無制限に通用したのではなく、必ず陰声の音符にしか用いられない文字として「古」や「也」などがあり、逆に多くの場合で入声の音符に使われる文字として「各」や「复」などがある。おそらく、古代においても文字ごとに認識の相違があったのだろう。

◇ **陰声と入声で通用する形声文字と音符**

形声文字とその音符で、韻尾の陰声と入声が通用している例を表4-8に挙げた。表には介音が異なるものも含んでいる。

このうち「策」「肺（肺）」「例」は特殊であり、中古音において、形声文字または音符で韻尾の変化が見られる。特に上古音の韻母の [at] が中古音で [i] 韻尾になる現象は、このほかにも多く見られるため、上古音から [ai] の韻母だったとする説や、[at] と [ai] の中間的な発音（例えば [ad]）があったとする説もある。ただし、本書は『古今音表』に従って上古音を [at] のまま表記している。

表4-8 陰声・入声の通用が見られる音符

文字	上古音〜音読み	音符	音符の上古音〜音読み
悪(惡)	古ak+a→⊕ɑk+u →呉アク+ヲ-オ漢アク+ヲ-オ	亜(亞)	古a→⊕a→呉ア漢ア
劇	古giak→⊕giɐk →呉ギャク漢ケキ慣ゲキ	豦	古gia→⊕gio→呉ゴ漢キョ
試	古syiə→⊕syiə→呉シ漢シ	式	古syiək→⊕syiək →呉シキ漢ショク
写(寫)	古sia→⊕sia→呉シャ漢シャ	舄	古siak→⊕siɛk→呉セキ漢セキ
策	古chek→⊕chæk →呉シャク漢サク	束	古chiek→⊕chie→呉シ漢シ
肺(肺)	古piuat→⊕piuɐi→呉ハイ漢ハイ	巿	古piuat→⊕piuət→呉ハツ漢ハツ
博(博)	古puak→⊕pɑk→呉ハク漢ハク	尃	古piua→⊕piu→呉フ漢フ
秘(祕)	古piei→⊕pi→呉ヒ漢ヒ	必	古piet→⊕piet→呉ヒチ漢ヒツ
費	古piuəi→⊕piuəi→呉ヒ漢ヒ	弗	古piuət→⊕piuət→呉フチ漢フツ
富	古piuə→⊕piəu→呉フ漢フウ	畐	古piək→⊕piək→呉フク漢フク
幕	古muak→⊕mɑk→呉マク漢バク	莫	古muak→⊕mu+mɑk →呉モ+マク漢ボ+バク
墓	古mua→⊕mu→呉モ漢ボ	〃	〃
暮	古mua→⊕mu→呉モ漢ボ	〃	〃
模	古mua→⊕mu→呉モ漢ボ	〃	〃
液	古lyiak→⊕yiɛk→呉ヤク漢エキ	夜	古lyia→⊕yia→呉ヤ漢ヤ
例	古liat→⊕liɛi→呉レイ漢レイ	列	古liat→⊕liet→呉レチ漢レツ

◆ **上古音から音符と韻母が大きく異なる形声文字**

　形声文字とその音符は、上古音の段階から大きく韻母が異なるものもあり、第3章末のコラムでも述べたように、さまざまな原因が考えられる。

　表4-9に、形声文字とその音符で、上古音から介音の有無や陰声・入声の通用などの関係を越えて韻母が異なる文字を挙げた。

表4-9　上古音から音符と韻母が大きく異なる形声文字

文字	上古音〜音読み	音符	音符の上古音〜音読み
医（醫）	㊉iə→⊕iə→㊉イ㊉イ	殹	㊉iei→⊕iei→㊉エイ㊉エイ
演	㊉lyian→⊕yiɛn→㊉エン㊉エン	寅	㊉lyien→⊕yien→㊉イン㊉イン
恩	㊉ən→⊕ən→㊉オン㊉オン	因	㊉ien→⊕ien→㊉イン㊉イン
骨	㊉kuət→⊕kuət→㊉コチ㊉コツ	冎	㊉kuai→⊕kua →㊉クヱ-ケ㊉クヮ-カ
容	㊉lyiuəng→⊕yiuoŋ →㊉ユウ㊉ヨウ	谷	㊉kɔk＋lyiuɔk→⊕kuk＋yiuok →㊉コク＋ヨク㊉コク＋ヨク

◆ **中古音で韻母が分化した文字**

　すでに述べたように、韻母は中古音で分化することもある。ここでは、上古音では音符と韻母が同じ、または近いものの、中古音で主母音が分化した文字について一覧にする（ただし日本の音写に影響がない主母音の小さな相違は除く）。

　一部、不規則なものもあるが、[a] から [a] と [o] への分化のほか、[iei] から [iei] と [i]、[iang] から [iang] と [iɐng] への分化は、中古音における代表的なものである。

118

表4-10　中古音で韻母が音符と分化した形声文字

文字	上古音～音読み	音符	音符の上古音～音読み
客	古kak →⊕kɐk →呉キャク漢カク	各	古kak →⊕kɑk →呉カク漢カク
厳(嚴)	古ngiam →⊕ngiɐm →呉ゴム-ゴン漢ゲム-ゲン	嚴	古ngiam →⊕ngiem →呉ゴム-ゴン漢ギム-ギン
諸(諸)	古tyia →⊕tsyio →呉ショ漢ショ	者(者)	古tyia →⊕tsyia →呉シャ漢シャ
節(節)	古tsiet →⊕tsiet →呉セチ漢セツ	即(即)	古tsiet →⊕tsiək →呉ショク漢ソク
察	古chat →⊕chæt →呉セチ漢サツ呉セチ漢サツ	祭	古tsiat＋chat →⊕tsiei＋chɐi →呉サイ＋サイ漢セイ＋サイ
陛	古biei →⊕biei →呉バイ漢ヘイ	坒	古biei →⊕bi →呉ビ漢ヒ
野	古lyia →⊕yia →呉ヤ漢ヤ	予	古lyia →⊕yio →呉ヨ漢ヨ
英	古iang →⊕iɐng →呉ヤウ-ヨウ漢エイ	央	古iang →⊕iang →呉アウ-オウ漢ヤウ-ヨウ
映	古iang →⊕iɐng →呉ヤウ-ヨウ漢エイ	〃	〃

◈ 慣用音で変化があった文字

　次に、中古音や音読みまでは同一であったが、慣用音で韻母が変化した文字を挙げる（呉音の音写の相違については表4-4を参照）。

　特殊な文字として「打」があり、中世に初めて作られたが、その段階ですでに音符の「丁」と異なっていたと推定されている。ただし、漢音・呉音は「丁」と同じ音写になっており、その後、唐音の「タ」で使われ、さらに変化した慣用音の「ダ」が現在では使われている。

表4-11　音読み・慣用音で韻母が変化した形声文字

文字	上古音～音読み	音符	音符の上古音～音読み
接	古tsiap →⊕tsiɐp →呉セフ-ショウ呉セフ-ショウ慣セツ	妾	古tsiap →⊕tsiɐp →呉セフ-ショウ漢セフ-ショウ
打	古なし →⊕teng →呉チャウ-チョウ漢テイ唐タ慣ダ	丁	古tieng →⊕tieng →呉チャウ-チョウ漢テイ

文字	上古音～音読み	音符	音符の上古音～音読み
返	古piuan→中piuɐn →呉ホン漢ハン→慣ヘン	反	古piuan→中piuɐn →呉ホン漢ハン
迷	古miei→中miei →呉マイ漢ベイ→慣メイ	米	古miei→中miei→呉マイ漢ベイ
密	古miet→中miet →呉ミチ漢ビツ→慣ミツ	宓	古miet→中miet→呉ミチ漢ビツ
物	古miuət→中miuət →呉モチ漢ブツ→慣モツ	勿	古miuət→中miuət →呉モチ漢ブツ

　表4-11に挙げた文字のほか、「補」は中古音で音符の「甫」と分化したが、現在では「補」が呉音の「ホ」で読まれ、また「甫」は慣用音の「ホ」で読まれるため、結果として合流している。こうした文字については、音読みとして相違がなくなるので、表1-2に編入している。

補・甫の字音史

	上古音	中古音	音読み	慣用音
補	pua	pu	呉ホ漢フ	
甫	pua	piua	呉フ漢フ	ホ

　また、「講」は上古音・中古音が [kɔng] であり、「冓」やそれを音符とする「構」(上古音 [kɔ]、中古音 [kəu]) などとは韻尾が異なっていた。しかし、[kɔng] の字音仮名遣いである「カウ」は、現代仮名遣いでは [kəu] と同じく「コウ」になるため、結果として形声文字として機能するようになっている。

講・構の字音史

	上古音	中古音	字音仮名遣い	現代仮名遣い
講	kɔng	kɔng	カウ	コウ
構	kɔ	kəu	コウ	コウ

　「音符読み」の慣用音によって発音が合流することもある。例えば「批」は呉音「ハイ」、漢音「ヘイ」であるが、慣用音によって音符の「比」に合わせて「ヒ」で読まれるようになった。こうした場合も、結果として文字と音符の音読みが一致するので、表1-2に編入した。

批・比の字音史

	上古音	中古音	音読み	慣用音
批	piei	piei	呉ヘイ漢ハイ	ヒ
比	piei	pi	呉ヒ漢ヒ	

◈ **音符が変形した文字**（韻母の相違が小さい）

　韻母が音符と異なる形声文字についても、音符の形が変化した文字が見られる。まずは、発音が呉音・漢音の相違のみの文字を挙げる。

　「金」は、本来は銅を意味していた文字である。初文の「呂」が銅の地金（じがね）を表しており、楷書の「呂（吕）」にあたる。その略体に意符として「土（土）」を加え、音符として「今」（呉音「コン」、漢音「キン」）の初形（亼）を付加したのが「全」である。さらに配置を変えた「全」が後代に継承されて楷書の「金」になった。「金」も呉音が「コン」、漢音が「キン」である。

　「億」は、音符が別の文字に変わった例である。当初は「意（オク）」という文字を音符としていたが、隷書で類似形の「意（イ）」に変えられてお

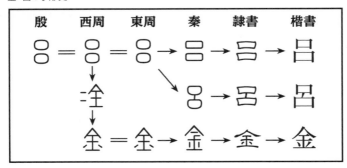

り、音符の役割を失っている。また、原義は「人が安んじる」であったが、仮借の用法で数字の単位に用いられた。

　「省（セイ・ショウ）」も同様であり、視察が原義で、元は「目」を意符、「生（セイ・ショウ）」を音符とする形声文字であったが、秦代〜隷書で「生」が変形して「少」になり、楷書の「省」になった。

　表4-12に、音符の形が変化し、かつ呉音と漢音で韻母の音写に相違があるものを一覧にした。意符が２つあるものは併記している。また意符も変形したものは「†」を付した。表のうち「家」の音符として使われた「豭」については、雄豚を意味する文字であるが、本来は雄豚の象形で表示されていた。

表4-12　音符が変形した形声文字（漢音・呉音の相違のみ）

文字	上古音〜音読み	意符	本来の音符	音符の上古音〜音読み	変化した形
右	甲ghiuə→囲iəi →呉ウ漢イウ-ユウ	口	又	甲ghiuə→囲iəi →呉ウ漢イウ-ユウ	ナ
有	甲ghiuə→囲iəi →呉ウ漢イウ-ユウ	肉†	〃	〃	〃

文字	上古音〜音読み	意符	本来の音符	音符の上古音〜音読み	変化した形
億	(古)iək→(中)iək→(呉)オク(漢)ヨク	イ	意	(古)iək→(中)iək→(呉)オク(漢)ヨク	意
巻(卷)	(古)kiuan→(中)kiuɐn→(呉)クヮン-カン(漢)クヱン-ケン	卩	龹	(古)kiuan→(中)kiuɐn→(呉)クヮン-カン(漢)クヱン-ケン	龹
家	(古)ka→(中)ka→(呉)ケ(漢)カ	宀	豭	(古)ka→(中)ka→(呉)ケ(漢)カ	豕
金	(古)kiəm→(中)kiem→(呉)コム-コン(漢)キム-キン	丷＋土	今	(古)kiəm→(中)kiem→(呉)コム-コン(漢)キム-キン	亼
適	(古)syiek＋tiek→(中)syiek＋tiek→(呉)シャク＋チャク(漢)セキ＋テキ	辶	啻	(古)syiek＋tiek→(中)syiek＋tiek→(呉)シャク＋チャク(漢)セキ＋テキ	商
省	(古)sheng→(中)shɐng→(呉)シャウ-ショウ(漢)セイ	目	生	(古)sheng→(中)shɐng→(呉)シャウ-ショウ(漢)セイ	少
第	(古)diei→(中)diei→(呉)ダイ(漢)テイ	竹	弟	(古)diei→(中)diei→(呉)ダイ(漢)テイ(慣)デ	弟

◈ **音符が変形した文字**（韻母の相違が大きい）

音符の形が変化した文字のうち、中古音の段階から韻母に相違があった文字を挙げる。ここまで変化が大きいと、形声文字として理解することが難しい文字が多い。

例えば「外（がい）」は、本来は「月（がつ）」が音符（厳密には会意亦声）であったが、中古音で陰声（[nguɑi ングアイ]）と入声（[ngiuɐt ングアツ]）に分化し、また字形は「月」と同源の「夕」になっている。

「島」は「海にある山」という意味で作られた会意文字であり、海鳥が山（島）に止まっている様子を表していた。「鳥（上古音 [tiu ティゥ]）」は発音も表す亦声であり、「島（上古音 [tu トゥ]）」とは [i] 介音の有無による通用関係になる。その後、「鳥」が「鳥」に簡略化された（異体字の「嶋」には

「鳥」の形が残っている）。

　「夜」は、月の象形である「夕」を意符、「亦（エキ）」を音符とする形声文字である。西周代には亦（夾）の省声の形（夾）であったが、秦代〜隷書で字形が崩れて楷書の「夜」（旧字体は「夜」）になった。なお、初形の構造も隷書の異体の「夾」まで残っていた。

夜の字形史

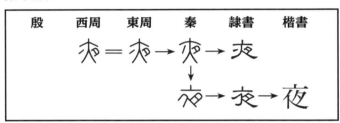

表4-13　音符が変形した形声文字（韻母の相違あり）

文字	上古音〜音読み	意符	本来の音符	音符の上古音〜音読み	変化した形
外	古nguat→⊕nguɑi→呉グヱ-ゲ漢グワイ-ガイ	卜	月	古ngiuat→⊕ngiuɐt→呉グヮチ-ガチ漢グヱツ-ゲツ慣ガツ	夕
句	古kɔ＋kiuɔ→⊕kəu＋kiu→呉ク＋ク漢コウ＋ク	口	丩	古kiu→⊕kiəu→呉ク漢キウ-キュウ	勹
細	古siei→⊕siei→呉サイ漢セイ	糸	囟	古sien→⊕sien→呉シン漢シン	田
責	古chek→⊕chæk→呉シャク漢サク慣セキ	貝	朿	古chiek→⊕chie→呉シ漢シ	龶
刷	古shuat→⊕shuat→呉セチ漢サツ	刂	㕛	古shiuat→⊕shiuɐt→呉セチ漢セツ	屄
島	古tu→⊕tau→呉タウ-トウ漢タウ-トウ	山	鳥	古tiu→⊕tieu→呉テウ-チョウ漢テウ-チョウ	鳥
夜	古lyia→⊕yia→呉ヤ漢ヤ	夕	亦	古lyiak→⊕yiek→呉ヤク漢エキ	夾

コラム

古代における外国語の音写

　本章で述べたように、呉音はその内部でも相違があり、古代には外国語としての漢語の音写がいかに難しかったのかを示している。

　現在では、音声学の発達や発音記号の充実があり、そして何よりも音声そのものの記録が可能になったので、文字を持たない言語でも、研究や学習が容易になった。

　しかし、古代においては、そうした便利なものは存在しなかったのであり、しかも日本には当初、自らの言語を記録できる文字もなかった。対象が音素（意味を区別するうえでの発音の最小単位）を表す表音文字であればともかく、漢字は「1文字＝1単語＝1音節」であり、また音符と文字の発音がずれることもあるため、そのまま読むことは難しい。

　当時の人々は、耳で聞いて覚え、口頭で伝えたのだろう。呉音のぶれは、古代人の苦労の跡なのである。

　そうした歴史的な経験から工夫を重ね、自らの言葉を記録できるようにしたのが万葉仮名であり、後に平仮名や片仮名になった。こうして日本語は、意味表示としての漢字と、発音表示としての仮名を獲得したのである。言葉だけではなく文字も借りることは、文字体系を複雑にしたが、より多様な表現を可能にした。

　さらに近代では、漢字（漢語）、平仮名（日本語）、片仮名（欧米などの言語）と、3種類を使い分けることで、多種の由来がある言葉を統合して表現している。

　一方の中国も、外国語の音写に苦労した。漢字が「1文字＝1単語

＝１音節」で固定的であるため、複数の音節がある外国語は音節ごとに当て字が必要になったのである。

　例えば、『漢書』西域伝では都市のアレクサンドリア (Alexandria) を「烏弋山離」と当て字しており、上古音では [a-lyiək-shan-liai アリェクシャンリアイ] である。また、『後漢書』西域伝ではローマ帝国皇帝のアントニヌス (Antoninus) を「安敦」と当て字しており、上古音では [an-tuən アントゥオン] である。いずれも音写として正確ではない部分がある。

　そして、日本の「邪馬台国」の「邪馬台」も音写文字であり、元は「ヤマト」であったとする説が有力である。

　邪馬台国は三国時代の魏に使者を送っており、当時の中国ではまだ上古音が残っていたと考えられている。「邪馬台」の推定上古音は [lyia-ma-də リャマド] であり、これも若干の相違がある。

　なお、「邪」は地名としては音読みが「ヤ」だが、「ジャ」と読むと「よこしま」の意味になる。敢えて悪い意味も含む文字を使用したのは、中華思想の差別意識の表れであろう。

　その他の周辺地域でも、モンゴルを表す蒙古の「蒙」は、「おおう」などの意味であるが、「理に暗い（蒙昧）」としても使われる。朝鮮の「鮮」は「なま」や「あざやか」などの意味であるが、「とぼしい」の意味にも使われる。チベットを表す吐蕃の「蕃」は、「草がしげる」の意味であるが、「蛮」に通じて用いられることもある。

　感心できる風習ではないが、しかし、当て字であっても発音だけではなく意味も考慮していた点については、文字文化が発達していたことの証拠と言えるかもしれない。

第5章

音節全体の変化

◈ 声母・韻母ともに相違のある文字

　本章では、声母・韻母ともに音符と相違のある形声文字を取り上げる。そうした文字は、音符の発音表示としての役割が弱いのであるが、漢字は一旦字形が定まると、発音が変化しても音符を取り替えることはほとんどしない。それだけ漢字は字形が意味伝達において重要だったのである。そもそも、中国大陸は広く、古くから多数の方言があったので、少々の相違は問題にならなかったのかもしれない。

　なお、日本でも古代から漢字が学ばれたが、形声文字と音符の関係はあまり意識されなかったようである。そのため、同じ中古音であっても、すでに述べたように形声文字とその音符に使われた文字の音写に相違が発生した。古代の日本人が中国へ行った際にも、現地の官僚とは筆談で意思疎通したとされ、昔から対話ではなく主に読み書きを目的として音読みを学習していたようである。

　ただし、現在では日本が新字体を採用し、それとは別に中国（中華人民共和国）は簡体字を使用し、台湾や香港などが旧字体を使っているため、東アジアの共通書記言語としての漢字の役割は低下している（ベトナムや朝鮮半島に至っては漢字をほぼ廃止した）。それもあって、現在では意思疎通においては対話が重視され、中国語などの正確な発音が学ばれるようになっている。

◈ 発音の相違が小さな文字

　まずは、声母・韻母ともに音符と相違が小さな形声文字を取り上げる。具体的には、声母は清濁の相違と漢音における清音化のみ、韻母は呉音と漢音の相違のみに限定した。表 5-1 の構成は、表 3-8 や表 4-5 などと同じである。

表に含まれる文字のうち特徴的なのは、「極」(呉音「ゴク」、漢音「キョク」)や「病」(呉音「ビョウ」、漢音「ヘイ」)のように、呉音と漢音で拗音か否かが異なるものである。

　その原因は、呉音と漢音で音写の方法が異なるためであり、呉音では拗音として「ヤ」が使われやすく、漢音では「ヨ」が使われやすい。例えば、中古音の韻母の [iək] は、呉音では「オク」とされるが、漢音では「ヨク」とされるため、声母によっては拗音の差異として現れる。同様に、[iang]は呉音では「ヤウ」(現代仮名遣いでは「ョウ」)、漢音では「エイ」とされ、拗音か否かが異なるものが多い。

　ただし、[iəng](呉音・漢音いずれも「ョウ」)や [ia](呉音・漢音いずれも「ヤ」)のように違いがないものもあり、明確な規則性は見いだしにくい。

表5-1　声母・韻母ともに発音の変化が小さな文字

文字	上古音〜音読み	音符	音符の上古音〜音読み
額	(古)ngak →(中)ngɐk →(呉)ギャク(漢)ガク	客	(古)kak →(中)kɐk →(呉)キャク(漢)カク
紅	(古)ghɔng →(中)ghung →(呉)グ(慣)コウク	工	(古)kɔng →(中)kung →(呉)ク(漢)コウ
極	(古)giək →(中)giək →(呉)ゴク(漢)キョク	亟	(古)kiək →(中)kiək →(呉)コク(漢)キョク
健	(古)gian →(中)giɐn →(呉)ゴン(漢)ケン	建	(古)kian →(中)kiɐn →(呉)コン(漢)ケン
済(濟)	(古)tsiei →(中)tsiei →(呉)サイ(漢)セイ(慣)ザイ	斉(齊)	(古)dziei →(中)dziei →(呉)ザイ(漢)セイ(慣)サイ
情(情)	(古)dzieng →(中)dzieng →(呉)ジャウ-ジョウ(漢)セイ	青(青)	(古)tsieng →(中)tsieng →(呉)シャウ-ショウ(漢)セイ
晴(晴)	(古)dzieng →(中)dzieng →(呉)ジャウ-ジョウ(漢)セイ	〃	〃
静(靜)	(古)dzieng →(中)dzieng →(呉)ジャウ-ジョウ(漢)セイ	〃	〃
将(將)	(古)tsiang →(中)tsiang →(呉)サウ-ソウ(漢)シャウ-ショウ	爿	(古)dziang →(中)dziang →(呉)ザウ-ゾウ(漢)シャウ-ショウ
百	(古)pak →(中)pɐk →(呉)ヒャク(漢)ハク	白	(古)bak →(中)bɐk →(呉)ビャク(漢)ハク

文字	上古音～音読み	音符	音符の上古音～音読み
病	固biang→⊕bieng →呉ビャウ-ビョウ漢ヘイ	丙	固piang→⊕pieng →呉ヒャウ-ヒョウ漢ヘイ
飯	固biuan→⊕biuɐn →呉ボン漢ハン	反	固piuan→⊕piuɐn →呉ホン漢ハン

◈ **声母のみ相違が大きな文字**

　次は、音符と声母の相違が大きい(清濁の通用を越えているもの)が、韻母は呉音・漢音の相違のみの形声文字である。

　古代の詩や金文の押韻では、韻母が分類の対象になっているが、形声文字とその音符においても、韻母が同じで声母のみ相違があるものが多く見られる。ただし、声母が元々異なっていたのか、それとも作られた後で変化したのかは分からないことが多い。

　また、清濁を越えて離れているといっても、[s] と [sh]、あるいは [sy] と [ty] のように、比較的近い声母であるものも含まれている。傾向として言えば、一見して音符が判別しやすいものは近いことが多く、そうでないものは必ずしも近くない。

　例えば、「体」の旧字体の「體(タイ)」に使われている「豊(レイ)」は、「豊(ホウ)」(旧字体は「豐」)と似ているが別字である。そして、「豊」の上古音が辺音の [l] であるのに対し、「体(體)」は舌音の [t] である。おそらく、古代の中国人にとっても音符が分かりにくかったため、発音の分化を促したのであろう。

表5-2　声母の相違が大きく韻母の相違が小さい文字

文字	上古音～音読み	音符	音符の上古音～音読み
式	(上)syiək→(中)syiək →(呉)シキ(漢)<u>ショク</u>	弋	(上)lyiək→(中)yiək→(呉)イキ(漢)ヨク
借	(上)tsiak＋tsia→(中)tsiɛk＋tsia →(呉)シャク＋<u>シャ</u>(漢)セキ＋シャ	昔	(上)siak→(中)siɛk→(呉)シャク(漢)セキ
酒	(上)tsiu→(中)tsiəu →(呉)シュ(漢)シウ-<u>シウ</u>	酉	(上)lyiu→(中)yiəu →(呉)ユ(漢)イウ-ユウ
修	(上)siu→(中)siəu →(呉)シュ(漢)シウ-シュウ	攸	(上)lyiu→(中)yiəu →(呉)ユ(漢)イウ-ユウ
性	(上)sieng→(中)sieng →(呉)シャウ-ショウ(漢)セイ	生	(上)sheng→(中)shɐng →(呉)シャウ-ショウ(漢)セイ
星	(上)sieng→(中)sieng →(呉)シャウ-ショウ(漢)セイ	〃	〃
聖(聖)	(上)syieng→(中)syiɛng →(呉)シャウ-ショウ(漢)セイ	壬	(上)tieng→(中)tieng →(呉)チャウ-チョウ(漢)テイ
状(狀)	(上)jiang→(中)jiang →(呉)ジャウ-ジョウ(漢)サウ-<u>ソウ</u>	爿	(上)dziang→(中)dziang →(呉)ザウ-ゾウ(漢)シャウ-ショウ
識	(上)syiək→(中)syiək →(呉)シキ(漢)<u>ショク</u>	戠	(上)tyiək→(中)tsyiək →(呉)シキ(漢)ショク
植	(上)zyiək→(中)zyiək →(呉)ジキ(漢)ショク	直	(上)diək→(中)dyiək →(呉)ヂキ-ジキ(漢)チョク
造	(上)tsu＋dzu→(中)tsɑu＋dzɑu →(呉)サウ-<u>ソウ</u>＋ザウ-ゾウ(漢)サウ-<u>ソウ</u>＋サウ-<u>ソウ</u>	告	(上)ku＋kuk→(中)kɑu＋kuok →(呉)カウ-<u>コウ</u>＋コク(漢)カウ-<u>コウ</u>＋コク
体(體)	(上)tiei→(中)tiei→(呉)タイ(漢)テイ	豊	(上)liei→(中)liei→(呉)ライ(漢)レイ

◈ 声母が近く中古音以後に韻母が変化した文字

　次は、上古音の段階では文字と音符の韻母が同じで、声母の相違は清濁の通用までだったが、中古音以降に韻母が変化したものを挙げる。こうした場合、文字によっては音読みでは関係が分かりにくくても、上古音まで遡ると、文字と音符の関係が理解できるようになる。

主母音の変化・分化

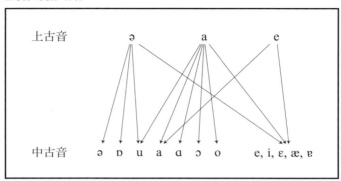

　表5-3は、全体的に主母音の変化が目立っており、これは中古音における主母音の増加・分化によって、形声文字と音符で相違が起こるためである。上古音で多く使われた主母音の [ə, a, e] について、中古音への主母音の変化だけを取り出すと上図のようになる(中古音の [e, i, ɛ, æ, ɐ] は上古音の [ə, a, e] のすべてから出現する)。単独での分化だけではなく、介音や韻尾の影響による変化も含んでいるので、矢印も多岐にわたっている。

　なお、表5-3のうち、「国」だけは音読みにおける変化であり、それ以外はすべて中古音で変化が見られる。

表5-3　中古音以後に韻母が変化した文字

文字	上古音～音読み	音符	音符の上古音～音読み
賀	邑ghai→⊕ghɑ→呉ガ漢力	加	邑kai→⊕ka→呉ケ漢力
感	邑kəm→⊕kɒm →呉カム-カン漢カム-カン	咸	邑ghəm→⊕ghɐm →呉ゲム-ゲン漢カム-カン
眼	邑ngən→⊕ngæn→呉ゲン漢ガン	艮	邑kən→⊕kən →呉コン漢コン慣ゴン
限	邑ghən→⊕ghæn→呉ゲン漢カン	〃	〃

132

文字	上古音～音読み	音符	音符の上古音～音読み
国(國)	㊎kuək→⊕kuək→㊀コク㊆コク	或	㊎ghuək→⊕ghuək→㊀ワク㊆コク
順	㊎dyiuən→⊕dzyiuen→㊀ジュン㊆<u>シュン</u>	川	㊎tyiuən→⊕tsyiuen→㊀セン㊆セン

◈ 声母に相違があり中古音以後に韻母も変化した文字

表5-4には、上古音の段階では文字と音符の韻母が同じで、声母は清濁を越えて相違があった文字を挙げる。その後の歴史については、韻母が中古音で分かれたもの、音読み（呉音・漢音）で分かれたもの、慣用音で変化したものなど多様である。

なお、表5-4では音符側に [ly] の声母が多いことが目立っており、これは前掲の表5-2も同様である。この点については、本章末のコラムで述べる。

表5-4 上古音で声母に相違があり、中古音以後に韻母も変化した文字

文字	上古音～音読み	音符	音符の上古音～音読み
翌	㊎lyiəp→⊕yiək→㊀<u>イキ</u>㊆ヨク	立	㊎liəp→⊕liep→㊀リフ-リュウ㊆リフ-リュウ㊅リツ
泣	㊎kiəp→⊕kiep→㊀コフ-<u>コウ</u>㊆キフ-キュウ	〃	〃
君	㊎kiuən→⊕kiuən→㊀クン㊆クン	尹	㊎lyiuen→⊕yiuen→㊀イン㊆イン
訓	㊎hiuən→⊕hiuən→㊀クン㊆クン	川	㊎tyiuən→⊕tsyiuen→㊀セン㊆セン
激	㊎kiauk→⊕kiek→㊀ケキ㊆キャク㊅ゲキ	敫	㊎lyiauk→⊕yiak→㊀ヤク㊆ヤク
挙(擧)	㊎kia→⊕kio→㊀コ㊆キョ	与(與)	㊎lyia→⊕yio→㊀ヨ㊆ヨ
禁	㊎kiəm→⊕kiem→㊀コム-<u>コン</u>㊆キム-キン	林	㊎liəm→⊕liem→㊀リム-リン㊆リム-リン

文字	上古音～音読み	音符	音符の上古音～音読み
地	(古)diai→⊕di→(呉)ヂ-ジ(漢)チ	也	(古)lyiai→⊕yia→(呉)ヤ(漢)ヤ
池	(古)diai→⊕dyie→(呉)ヂ-ジ(漢)チ	〃	〃
種	(古)tyiuɔng→⊕tsyiong →(呉)シュ(漢)ショウ	重	(古)diuɔng→⊕dyiuong →(呉)ヂュウ-ジュウ(漢)チョウ
収(收)	(古)syiu→⊕syiəu →(呉)シュ(漢)シウ-シュウ	丩	(古)kiu→⊕kiəu →(呉)ク(漢)キウ-キュウ
数(數)	(古)shiuɔ+shɔk→⊕shiu+shɔk →(呉)シュ+サク(漢)ス+サク(慣)スウ	婁	(古)liuɔ+lɔ→⊕liu+ləu →(呉)ル+ル(漢)ル+ロウ
住	(古)diuɔ→⊕dyiu →(呉)ヂュ-ジュ(漢)チュ(慣)ジュウ	主	(古)tyiuɔ→⊕tsyiu→(呉)ス(漢)シュ
柱	(古)diuɔ→⊕dyiu →(呉)ヂュウ-ジュウ(漢)チュウ	〃	〃
宙	(古)diu→⊕dyiəu →(呉)ヂウ-ジュウ(漢)チウ-チュウ	由	(古)lyiu→⊕yiəu →(呉)ユ(漢)イウ-ユウ(慣)ユイ
署(署)	(古)syia→⊕syio→(呉)ショ(漢)ショ	者(者)	(古)tyia→⊕tsyia→(呉)シャ(漢)シャ
署(署)	(古)zyia→⊕zyio→(呉)ジョ(漢)ショ	〃	〃
著(著)	(古)tia+tiak→⊕tyio+tyiak →(呉)チョ+チャク(漢)チョ+チャク	〃	〃
助	(古)jia→⊕jio→(呉)ジョ(漢)ソ	且	(古)tsia→⊕tsio→(呉)ソ(漢)ショ
縄(繩)	(古)dyiəng→⊕dzyiəng →(呉)ジョウ(漢)ショウ	黽	(古)miəng→⊕mæng →(呉)ミャウ-ミョウ(漢)バウ-ボウ
条(條)	(古)diu→⊕dieu →(呉)デウ-ジョウ(漢)テウ-チョウ	攸	(古)lyiu→⊕yiəu →(呉)ユ(漢)イウ-ユウ
調	(古)diu→⊕dieu →(呉)デウ-ジョウ(漢)テウ-チョウ	周	(古)tyiu→⊕tsyiəu →(呉)シュ(漢)シウ-シュウ
続(續)	(古)ziuɔk→⊕ziuok →(呉)ゾク(漢)ショク	賣	(古)lyiuɔk→⊕yiuk→(呉)ヨク(漢)イク
題	(古)die→⊕diei→(呉)ダイ(漢)テイ	是	(古)zyie→⊕zyie→(呉)(漢)シ
的	(古)tiauk→⊕tiek→(呉)チャク(漢)テキ	勺	(古)zyiauk→⊕zyiak →(呉)シャク(漢)シャク
熱	(古)nyiat→⊕nzyiɛt →(呉)ネチ(漢)ゼツ(慣)ネツ	埶	(古)ngiat+shiat→⊕ngiɛi+shiɛi →(呉)ゲイ+セイ(漢)ゲイ+セイ
念	(古)niəm→⊕niem →(呉)ネム-ネン(漢)デム-デン	今	(古)kiəm→⊕kiem →(呉)コム-コン(漢)キム-キン
脈	(古)mek→⊕mæk →(呉)ミャク(漢)バク	辰	(古)pek→⊕pai→(呉)ヘ(漢)ハイ(慣)ハ

文字	上古音～音読み	音符	音符の上古音～音読み
遺	㊤lyiuəi→㊥yui→㊏ユイ㊰ヰ-イ	貴	㊤kiuəi→㊥kiuəi →㊏クヰ-キ㊰クヰ-キ
営（營）	㊤lyiueng→㊥yiueng →㊏ヤウ-<u>ヨウ</u>㊰エイ	𤇾	㊤ghiueng→㊥ghiueng →㊏ギャウ-ギョウ㊰ケイ

◈ **声母の清濁通用と韻母の介音の相違がある文字**

　次に、声母の相違・変化は小さいが、上古音の段階で韻母の介音に相違が見られる文字を挙げる。

　介音は、韻母の中で最も役割が弱く、そのため上古音から相違のある文字も多い。第4章で述べたように、特に [i] 介音は有無によらず通用することが多く、表5-5と次項に挙げる表5-6で統計しても、次のように無介音と [i] 介音、[u] 介音と [iu] 介音の対応が多い（文字と音符のどちらが [i] を含んでも集計している）。

　　無介音 —[i] 介音..........28　　[u] 介音 —[iu] 介音 9

　　無介音 —[iu] 介音........13　　その他 6

　例外的に多いのが無介音と [iu] 介音であるが、上古音の主母音 [ɔ] が [iu] 介音しか持たないと推定されているため（異説もある）、必然的に無介音—[i] 介音ではなく、無介音—[iu] 介音の対応関係になるので、これが数値に影響している（13文字のうち7文字）。

表5-5 韻母のうち介音に相違がある文字

文字	上古音〜音読み	音符	音符の上古音〜音読み
域	(古)ghiuək →(中)iuək →(呉)ヰキ-イキ(漢)ヨク	或	(古)ghuək →(中)ghuək →(呉)ワク(漢)コク
院	(古)ghiuan →(中)iuɐn →(呉)ヱン-エン(漢)ヱン-エン(慣)イン	完	(古)ghuan →(中)ghuɐn →(呉)グヮン-ガン(漢)クヮン-カン
完	(古)ghuan →(中)ghuɐn →(呉)グヮン-ガン(漢)クヮン-カン	元	(古)ngiuan →(中)ngiuɐn →(呉)グヮン-ガン(漢)グヱン-ゲン
皇	(古)ghuang →(中)ghuang →(呉)ワウ-オウ(漢)クヮウ-コウ	王	(古)ghiuang →(中)iuang →(呉)ワウ-オウ(漢)ワウ-オウ
街	(古)ke →(中)kai →(呉)ケ(漢)カイ(慣)ガイ	圭	(古)kiue →(中)kiuei →(呉)クヱ-ケ(漢)クヱイ-ケイ
許	(古)hia →(中)hio →(呉)コ(漢)キョ	午	(古)nga →(中)ngu →(呉)ゴ(漢)ゴ
給	(古)kiəp →(中)kiep →(呉)コフ-コウ(漢)キフ-キュウ	合	(古)ghɔp →(中)ghɔp →(呉)ガフ-ゴウ(漢)カフ-コウ
権(權)	(古)giuan →(中)giuɐn →(呉)ゴン(漢)クヱン-ケン	雚	(古)kuan →(中)kuɐn →(呉)クヮン-カン(漢)クヮン-カン
銀	(古)ngiən →(中)ngien →(呉)ゴン(漢)ギン	艮	(古)kən →(中)kən →(呉)コン-ゴン(漢)コン(慣)ゴン
動	(古)dɔng →(中)dung →(呉)ヅ-ズ(漢)トウ(慣)ドウ	重	(古)diuɔng →(中)dyiuong →(呉)ヂュウ-ジュウ(漢)チョウ
波	(古)puai →(中)puɑ →(呉)ハ(漢)ハ	皮	(古)biai →(中)bie →(呉)ビ(漢)ヒ
破	(古)puai →(中)puɑ →(呉)ハ(漢)ハ	〃	〃
俳	(古)bəi →(中)bɐi →(呉)バイ(漢)ハイ	非	(古)piuəi →(中)piuəi →(呉)ヒ(漢)ヒ
板	(古)pan →(中)pan →(呉)ハン(漢)ハン(慣)バン	反	(古)piuan →(中)piuɐn →(呉)ホン(漢)ハン
版	(古)pan →(中)pan →(呉)ハン(漢)ハン(慣)バン	〃	〃
貧	(古)biən →(中)bien →(呉)ビン(漢)ヒン	分	(古)piuən + biuən →(中)piuən + biuɐn →(呉)フン+ブン(漢)フン+フン (慣)ブ
仏(佛)	(古)biət →(中)biet →(呉)ブツ(漢)フツ	弗	(古)piuət →(中)piuət →(呉)フチ(漢)フツ
番	(古)piuan + puai →(中)piuɐn + puɑ →(呉)ホン+ハ(漢)ハン+ハ(慣)バン	釆	(古)ban →(中)bæn →(呉)ベン(漢)ハン

◈ **声母の相違と韻母の介音の相違がある文字**

　次の表5-6に挙げるものは、上古音で音符と声母の相違があり、かつ韻母のうち介音の相違が見られる形声文字である。前掲の表5-4と表5-5の相違を合わせた性質であり、音符に [ly] が目立つことや、無介音と [i] 介音の対応が多いことなど、いずれも共通している。

　現在の音読みでは、かなり変化しているものもあるが、上古音を比較すると、本書を読んでいただいた方には韻母の類似点を理解していただけるだろう。

表5-6　声母に相違があり、韻母のうち介音に相違がある文字

文字	上古音～音読み	音符	音符の上古音～音読み
移	(古)lyiai→(中)yie→(呉)イ(漢)イ	多	(古)tai→(中)tɑ→(呉)タ(漢)タ
海(海)	(古)hə→(中)hɒi→(呉)カイ(漢)カイ	毎(每)	(古)muə→(中)muɒi→(呉)マイ(漢)バイ
耕	(古)keng→(中)kæng→(呉)キャウ-キョウ(漢)カウ-コウ	井	(古)tsieng→(中)tsieng→(呉)シャウ-ショウ(漢)セイ
罪	(古)dzuəi→(中)dzuɒi→(呉)ザイ(漢)サイ	非	(古)piuəi→(中)piuəi→(呉)ヒ(漢)ヒ
査	(古)ja→(中)ja→(呉)ジャ(漢)サ	且	(古)tsia→(中)tsio→(呉)ソ(漢)ショ
社(社)	(古)zyia→(中)zyia→(呉)ジャ(漢)シャ	土	(古)ta→(中)tu→(呉)ツ(漢)ト(慣)ド
終(終)	(古)tyiung→(中)tsyiung→(呉)シウ-シュウ(漢)シウ-シュウ	冬(冬)	(古)tung→(中)tuong→(呉)トウ(漢)トウ
拾	(古)zyiəp→(中)zyiep→(呉)ジフ-ジュウ(漢)シフ-シュウ	合	(古)ghəp→(中)ghɒp→(呉)ガフ-ゴウ(漢)カフ-コウ
松	(古)ziuɔng→(中)ziuong→(呉)ジュウ(漢)ショウ	公	(古)kɔng→(中)kung→(呉)ク(漢)コウ
処(處)	(古)tyia→(中)tsyio→(呉)ショ(漢)ショ	虍	(古)ha→(中)hu→(呉)ク(漢)コ
所	(古)shia→(中)shio→(呉)ショ(漢)ショ	戸	(古)gha→(中)ghu→(呉)ゴ(漢)コ
証(證)	(古)tyiəng→(中)tsyiəng→(漢)ショウ(漢)ショウ	登	(古)təng→(中)təng→(呉)トウ(漢)トウ
投	(古)dɔ→(中)dəu→(呉)ヅ-ズ(漢)トウ	殳	(古)zyiuɔ→(中)zyiu→(呉)ジュ(漢)シュ

文字	上古音～音読み	音符	音符の上古音～音読み
隊	古 duəi →⊕ duɑi →呉 ヅイ-ズイ 漢 タイ	㒸	古 ziuəi →⊕ zui →呉 スイ 漢 スイ
損	古 suən →⊕ suən →呉 ソン 漢 ソン	員	古 ghiuən →⊕ iuən + iuən →呉 エン-エン＋ウン 漢 エン-エン＋ヰン-イン
他	古 tai →⊕ tɑ →呉 タ 漢 タ	也	古 lyiai →⊕ yia →呉 ヤ 漢 ヤ
待	古 də →⊕ dəi →呉 ダイ 漢 タイ	寺	古 ziə →⊕ ziə →呉 ジ 漢 シ
担(擔)	古 tam →⊕ tɑm →呉 タム-タン 漢 タム-タン	詹	古 tyiam →⊕ tsyiem →呉 セム-セン 漢 セム-セン
誕	古 dan →⊕ dɑn →呉 ダン 漢 タン	延	古 lyian →⊕ yiɛn →呉 エン 漢 エン
団(團)	古 duan →⊕ duɑn →呉 ダン 漢 タン	専(專)	古 tyiuan →⊕ tsyiuɛn →呉 セン 漢 セン
談	古 dam →⊕ dɑm →呉 ダム-ダン 漢 タム-タン	炎	古 ghiam →⊕ iɛm →呉 エム-エン 漢 エム-エン
都(都)	古 ta →⊕ tu →呉 ツ 漢 ト	者(者)	古 tyia →⊕ tsyia →呉 シャ 漢 シャ
通	古 tɔng →⊕ tung →呉 ツ 漢 トウ 慣 ツウ	甬	古 lyiuɔng →⊕ yiuong →呉 ユウ 漢 ヨウ
痛	古 tɔng →⊕ tung →呉 ツウ 漢 トウ	〃	〃
当(當)	古 tang →⊕ tɑng →呉 タウ-トウ 漢 タウ-トウ	尚	古 zyiang →⊕ zyiang →呉 ジャウ-ジョウ 漢 シャウ-ショウ
党(黨)	古 tang →⊕ tɑng →呉 タウ-トウ 漢 タウ-トウ	〃	〃
堂	古 dang →⊕ dɑng →呉 ダウ-ドウ 漢 タウ-トウ	〃	〃
湯	古 tang →⊕ tɑng →呉 タウ-トウ 漢 タウ-トウ	易	古 lyiang →⊕ yiang →呉 ヤウ-ヨウ 漢 ヤウ-ヨウ
等	古 təng＋tə →⊕ təng＋tɑi →呉 トウ＋タイ 漢 トウ＋タイ	寺	古 ziə →⊕ ziə →呉 ジ 漢 シ
道	古 du →⊕ dɑu →呉 ダウ-ドウ 漢 タウ-トウ	首	古 çiu →⊕ çiəu →呉 シュ 漢 シウ-シュウ
統	古 tung →⊕ tuong →呉 トウ 漢 トウ	充	古 tyiung →⊕ tsyiung →呉 シウ-シュウ 漢 シウ-シュウ 慣 ジュウ
独(獨)	古 dɔk →⊕ duk →呉 ドク 漢 トク	蜀	古 zyiuɔk →⊕ zyiuok →呉 ゾク 漢 ショク
読(讀)	古 dɔk＋də →⊕ duk＋dəu →呉 ドク＋ヅ-ズ 漢 トク＋トウ	賣	古 lyiuɔk →⊕ yiuk →呉 ヨク 漢 イク

文字	上古音～音読み	音符	音符の上古音～音読み
暖	古nuan→⊕nuɑn→呉ナン漢ダン	爰	古ghiuan→⊕iuɐn→呉ヱン-エン漢ヲン-オン
筆	古piət→⊕piet→呉ヒチ漢ヒツ	聿	古lyiuət→⊕yiuet→呉イチ漢イツ
変(變)	古pian→⊕piɛn→呉ヘン漢ヘン	䜌	古luan→⊕luɑn→呉ラン漢ラン
熊	古ghiuəng→⊕iung→呉イウ-ユウ漢イウ-ユウ	能	古nəng＋nə→⊕nəng＋nəi→呉ノウ-ナイ漢ドウ＋ダイ
略	古liak→⊕liak→呉リャク漢リャク	各	古kak→⊕kɑk→呉カク漢カク
練(練)	古lian→⊕lien→呉レン漢レン	柬	古kan→⊕kæn→呉ケン漢カン

◈ **韻母の陰声・入声の通用**

　表5-7には、声母に何らかの相違があり、かつ形声文字と音符で上古音の韻母が陰声・入声の通用関係になっているものを挙げた。表には介音の相違があるものも含んでいる。

　比率としては、[i] 韻尾—[t] 韻尾よりも無韻尾—[k] 韻尾が多くなっており、これは第4章の表4-8も同じである。この原因は、単純に無韻尾—[k] 韻尾の発音が多いためである（表4-7を参照）。上古音において、こうした韻母の非対称が発生した原因については諸説あるが、筆者の考えについては本書末尾の「附論3」で述べる。

表5-7　声母に相違があり、韻母に陰声・入声の通用がある文字

文字	上古音～音読み	音符	音符の上古音～音読み
護	古gha→⊕ghu→呉ゴ漢コ	蒦	古ghuak→⊕ghuɐk→呉ワク漢クック-カク
刻	古kək→⊕kək→呉コク漢コク	亥	古ghə→⊕ghɒi→呉ガイ漢カイ
昨	古dzak→⊕dzɑk→呉ザク漢サク	乍	古ja→⊕ja→呉ジャ漢サ
室	古syiet→⊕syiet→呉シチ漢シツ	至	古tyiei→⊕tsyi→呉シ漢シ
笛	古diuk→⊕diek→呉ヂャク-ジャク漢テキ	由	古lyiu→⊕yiəu→呉ユ漢イウ-ユウ慣ユイ

文字	上古音～音読み	音符	音符の上古音～音読み
代	㊀də→㊉dɒi→㊈ダイ㊐タイ	弋	㊀lyiək→㊉yiək→㊈イキ㊐ヨク
置	㊀tiə→㊉tyiə→㊈チ㊐チ	直	㊀diək→㊉dyiək →㊈デキ‐ジキ㊐チョク
特	㊀dək→㊉dək→㊈ドク㊐トク	寺	㊀ziə→㊉ziə→㊈ジ㊐シ
曜（曜）	㊀lyiau→㊉yiɛu→㊈ヨウ㊐ヨウ	翟	㊀diauk→㊉diɛk →㊈デャク‐ジャク㊐テキ
路	㊀la→㊉lu→㊈ル㊐ロ	各	㊀kak→㊉kɑk→㊈カク㊐カク

◈ 声母・韻母ともに相違が大きな文字

　次は、形声文字と音符で、声母に何らかの相違があり、かつ韻母に介音の相違や陰声・入声の通用を越えた大きな違いがある文字を挙げる。ここまでくると、本当に形声文字だったのか異論のある文字が多い。

　「揮（キ）」は「軍（クン）」を音符としているが、上古音の段階から韻尾が異なっていた。「軍」は、「揮」のほか「輝（キ）」でも音符として用いられており、連続的な発音の変化ではなく、非連続的な転注による発音の変化（後述）が起こっていた可能性もある。ただし、「軍」が「キ」で読まれることはなく、転注があったことも確実ではない。

　また、「昼（チュウ）」は旧字体が「晝」であり、筆を持った形である「聿（イツ）」が音符であるが、そうではなく、「昼夜を区切る」の意味を表した会意文字とする説もある。しかし、「昼」は殷代から見られる文字であるが、当時から「ひる」の意味であり、時間の区切りの意味では使われておらず、そもそも聿に「区切る」の意味はない。ちなみに、「建」は会意文字であるが、「聿」ではなく「廴（えんにょう）」の部分が区切ることを表した「匚（けいがまえ）」が変化したものである。

表5-8 声母・韻母の相違が大きな文字

文字	上古音〜音読み	音符	音符の上古音〜音読み
揮	(古)hiuəi→(中)hiuəi →(呉)クヰ-キ(漢)クヰ-キ	軍	(古)kiuən→(中)kiuən →(呉)クン(漢)クン(慣)グン
強	(古)giang→(中)giang →(呉)ガウ-ゴウ(漢)キャウ-キョウ	弘	(古)ghuəng→(中)ghuəng →(漢)グ(漢)コウ
酸	(古)suan→(中)suɑn→(呉)サン(漢)サン	夋	(古)tsiuən→(中)tsiuen →(呉)シュン(漢)シュン
昼(晝)	(古)tiu→(中)tyiəu →(呉)チウ-チュウ(漢)チウ-チュウ	聿	(古)lyiuət→(中)yiuet→(呉)イチ(漢)イツ

◈ **音符が変形した文字（上古音の段階では声母のみの相違）**

　ここからは、字形も含めて変化の大きな文字を取り上げる。形声文字と音符で声母・韻母ともに相違がある文字にも、音符の形が変化した文字がある。まずは上古音の段階では韻母が同じであり、声母のみに相違があった文字を挙げる。

　例えば「話」は、「活」と同様に音符の「舌（カツ）」が「舌」に変形したものであるが、発音は中古音で韻尾が陰声に変化したと推定されている。なお、音読みの「ワ」は慣用音であり、呉音が「エ」、漢音が「カイ」である。漢音は「舌（カツ）」との通用関係（陰声・入声）が分かりやすい。

　「受」は、もと２つの手（彐）で舟（⺌）を受け渡す様子を表した会意文字（⿱）であり、「舟（上古音 [zyiu ジュ]）」は古くは「受（上古音 [tyiu テュ]）」と発音が近く、亦声に該当する。殷代には手の形の又（彐）のうち、１つを手の側面形の爪（爫）に変えたもの（⿱）があり、これが後代に継承された。秦代には、舟の形を覆いを表す「冃（⼌）」に変えた形（⿱）になったため、発音表示の意義が失われた。さらに、秦代には冃を「冖」に略して「⿱」となり、楷書の「受」に継承された。

受の字形史

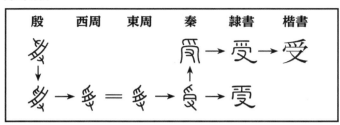

殷	西周	東周	秦	隷書	楷書

「童」は、殷代には冠をかぶった人が土盛りに乗って遠くを見る様子（ ）を表していた。しかし、周代になると奴隷を表した文字と誤解され、奴隷が持つ荷物として袋の象形の東（ ）を加えた形（ ）が作られた。この系統は、さらに東周代には目の形を省いた「 」となった。そして、秦代には「東」と「土」が融合して「 」となり、楷書の「童」に継承された。楷書のうち、「立」の部分は冠の形が変化したものであり、東と土は融合・簡略化されて「里」と同形になった。なお、里は「田」と「土」を合わせて人が住む「さと」の意味を表した会意文字であり、全くの別字である。

「身」も字形の融合が起こった文字である。本来は人（ ）の腹部を強

童の字形史

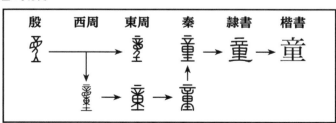

殷	西周	東周	秦	隷書	楷書

調して示した形（⿰）であったが、後に「人」の部分を字形が近く発音を表す「千（⿱）」に変えた「⿱」の形になった。さらに腹部を示す印と「千」が融合して楷書の「身」になっており、楷書は2つの部分に分けることが困難である。

　表5-9について、意符も変形したものは「†」を付した。また楷書では意符と音符が融合して分離できなくなったものについては、意符に「‡」を付し、変化した形は「×」で示した（以下、表5-10と表5-11も同様の方法で作成した）。「身」については指事文字の亦声という特殊な成り立ちであり、しかも指事記号が音符と融合したため意符も「×」とした。

表5-9　音符が変形した形声文字（声母のみ音符との相違あり）

文字	上古音〜音読み	意符	本来の音符	音符の上古音〜音読み	変化した形
話	(古)ghuat→(中)ghuæi→(呉)ヱ-エ(漢)クワイ-カイ(慣)ワ	言	昏	(古)kuat→(中)kuɑt→(呉)クヮチ-カチ(漢)クヮツ-カツ	舌
形	(古)ghieng→(中)ghieng→(呉)ギャウ-ギョウ(漢)ケイ	彡	井	(古)tsieng→(中)tsiɛng→(呉)シャウ-ショウ(漢)セイ	开
競	(古)giang→(中)giɐng→(呉)ギャウ-ギョウ(漢)ケイ(慣)キョウ	竟†	竟	(古)kiang→(中)kiɐng→(呉)キャウ-キョウ(漢)ケイ	竞
言	(古)ngian→(中)ngian→(呉)ゴン(漢)ゲン	口	辛	(古)kian→(中)kian→(呉)ケン(漢)ケン	䇂
敵	(古)diek→(中)diek→(呉)ヂャク-ジャク(漢)テキ	攵	啻	(古)syiek+tiek→(中)syiek+tiek→(呉)シャク+チャク(漢)セキ+テキ	商
受	(古)zyiu→(中)zyiəu→(呉)ジュ(漢)シウ-シュウ	爪+又	舟	(古)tyiu→(中)tsyiəu→(呉)シュ(漢)シウ-シュウ	冖
書	(古)syia→(中)syio→(呉)ショ(漢)ショ	聿†	者(者)	(古)tyia→(中)tsyia→(呉)シャ(漢)シャ	日
成(成)	(古)zyieng→(中)zyiɛng→(呉)ジャウ-ジョウ(漢)セイ	戊	丁	(古)tieng→(中)tieng→(呉)チャウ-チョウ(漢)テイ	丿

文字	上古音～音読み	意符	本来の音符	音符の上古音～音読み	変化した形
定	古dieng→中dieng →呉チャウ-ジョウ漢テイ	宀	正	古tyieng→中tsyiɛng →呉シャウ-ショウ漢セイ	疋
身	古syien→中syien →呉シン漢シン	×	千	古tsien→中tsien →呉セン漢セン	×
雪(雪)	古siuat→中siuet →呉セチ漢セツ	雨	彗	古ziuat→中zui →呉ズイ漢スイ	⇒
千	古tsien→中tsien →呉セン漢セン	一	人	古nyien→中nzyien →呉ニン漢ジン	イ
鉄(鐵)	古tiet→中tiet →呉テチ漢テツ	金	𢧜	古diet→中dyiet →呉ヂチ-ジチ漢チツ	𢦏
童	古dɔng→中dung →呉ドウ漢トウ	立+土 ‡	東	古tɔng→中tung →呉ツ漢トウ	×

◆ **音符が変形した文字**（上古音で介音・韻尾の通用）

　次は、音符の形が変化した文字のうち、上古音の段階から文字と音符で介音に相違があったもの、および韻尾が陰声・入声の通用関係にあったものを取り上げる。

　例えば「岡（コウ）」は、「山」を意符、網の象形の「网（モウ）」を音符とする文字であるが、楷書では网が「凹」に変形している。ちなみに、「網」は、元は网が変形した凹に音符の「亡（モウ）」を加えた形声文字の「罔（モウ）」であり、さらに意符として「糸」を加えた字形構造である。

　「重」は、前項の「童」と同様に音符の「東」が「人（イ）」および「土」と融合しており、楷書では分離が困難になっている。

　「度」は、「石」の異体（庶）を音符として用いた形声文字である。「はかる」の意味では「石（セキ）」から変わった「タク」（「支度」など）の発音であるが、「目盛り」の意味では入声（上古音 [dak]）が陰声（上古音 [da]）になっ

た「ド」(「角度」など)の発音になる。

　「登」については、両足の象形である「癶(はつがしら)」が意符であるが、かつては「豆」を音符と見なす説もあった。しかし、音読みでは近いものの、上古音は「登([təng トウ])」と「豆([dɔ ト])」であり、韻母の違いが大きい。

　殷代の甲骨文字には、「癶(♨)」と「豆(豈)」からなる字形(豋)のほか、下部に両手の形(𦥑)を加えて「蒸」の初形(𥴩)の異体(𥱻)と同形になったもの(𥴩)がある。「蒸」は、米(⺍)を蒸して高坏の象形である豆(豈)に載せて神に捧げる儀式を表しているが、「蒸」の上古音は[tyiəng ティオウ]であり、登に近い。したがって、「登」は「癶」を意符、「蒸」の初形の省声の形声文字と考えられる。

登の字形史

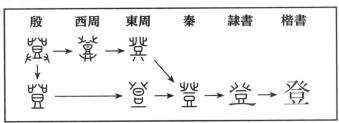

殷	西周	東周	秦	隷書	楷書

　「青」は、初出が西周代であるが、その段階では丹(⽗)を意符、生(⽣)を音符とする形(⻘)であった。「丹」は地中から鉱物を採掘する様子を表しており、「鉱物性の顔料」として色を表す「青」の意符に使われたようである。その後、秦代の「靑」を経て楷書(旧字体)の「靑」になったが、「丹」「生」ともに簡略化されている。

また、秦代には「丹」を「月」に変えた「青」が作られ、これが新字体の「青」に継承されている。ただし、誤字なのか、あるいは意符を「青い月」と解釈したのかは不明である。

青の字形史

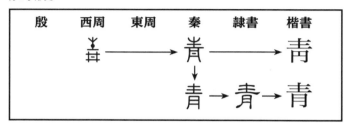

表5-10 音符が変形した文字（介音・韻尾の通用あり）

文字	上古音～音読み	意符	本来の音符	音符の上古音～音読み	変化した形
塩（鹽）	㊀lyiam→㊥yiɐm→㊁エム-エン㊂エム-エン	鹵	監	㊀kam→㊥kam→㊁カム-カン㊂カム-カン	監
岡	㊀kang→㊥kɒng→㊁カウ-コウ㊂カウ-コウ	山	网	㊀miuang→㊥miuang→㊁マウ-モウ㊂バウ-ボウ	冂
局	㊀giuɔk→㊥giuok→㊁ゴク㊂キョク	尸	句	㊀kɔ＋kiuk→㊥kəu＋kiu→㊁ク＋ク㊂コウ＋ク	可
着（著）	㊀diak→㊥dyiak→㊁ヂャク-ジャク㊂チャク	⧺†	者（者）	㊀tyia→㊥tsyia→㊁シャ㊂シャ	看
重	㊀diuɔng→㊥dyiuong→㊁ヂュウ-ジュウ㊂チョウ	イ＋土‡	東	㊀tɔng→㊥tung→㊁ツ㊂トウ	×
青（靑）	㊀tsieng→㊥tsieng→㊁シャウ-ショウ㊂セイ	丹†	生	㊀sheng→㊥shɐng→㊁シャウ-ショウ㊂セイ	龶
産（產）	㊀shan→㊥shæn→㊁セン㊂サン	生	彦（彥）	㊀ngian→㊥ngiɛn→㊁ゲン㊂ゲン	产
雑（雜）	㊀dzɔp→㊥dzɑp→㊁ザフ-ゾウ㊂サフ-ソウ㊍ザツ	衣†	集	㊀dziəp→㊥dziep→㊁ジフ-ジュウ㊂シフ-シュウ	䧝

文字	上古音〜音読み	意符	本来の音符	音符の上古音〜音読み	変化した形
茶	(古)da→(中)dya →(呉)ダ(漢)ダ(唐)サ(慣)チャ	艹	余	(古)lyia→(中)yio →(呉)ヨ(漢)ヨ	余
度	(古)dak＋da→(中)dɑk＋du →(呉)ダク＋ド(漢)タク＋<u>ト</u>	又	石	(古)zyiak→(中)zyiɛk →(呉)ジャク(漢)セキ	庶
電	(古)den→(中)den →(呉)デン(漢)テン	雨	申	(古)syien→(中)syien →(呉)シン(漢)シン	甩
登	(古)təng→(中)təng →(呉)トウ(漢)トウ(慣)ト	癶	蒸	(古)tyiəng→(中)tsyiəng →(呉)ショウ(漢)ショウ(慣)ジョウ	豆
徳(德)	(古)tək→(中)tək →(呉)トク(漢)トク	イ＋心	直	(古)diək→(中)dyiək →(呉)ヂキ-ジキ(漢)チョク	㞢

◈ 音符が変形した文字（上古音の段階で韻母に大きな相違）

　次は、文字と音符で韻母に大きな相違があり、さらに音符の形も変形したものである。字形からは形声文字と認識するのが難しい文字が多い。

　例えば「昔」は、もとは「日（□）」に「災」の異体の「㐫（巛）」を加えた形（昝）であった。会意文字とする説もあるが、「災（巛）」と「むかし」には意味上の関連がないので、形声文字と解釈せざるを得ない。上古音は昔が [siak シャク]、災が [tsə ツォ] であり、字形の変化だけではなく発音の相違も大きい。

　「犯」は、もとは「弓（カン）」という文字を音符としており、これは鋳型の象形と推定されている。意符は「犬（犭）」であり、原義は犬の侵入だったようであるが、引伸義で一般に法を破る意味に使われるようになった。後に「弓」の部分が変化し、人が座った形である「卩」の異体の「㔾」と同形になった。

　「風」は、殷代には鳥（𩾏）が冠をかぶって羽の長い姿（𩾏）を表してい

た。これは神話上の鳥である鳳凰であり、当時は鳳凰が風を起こすという信仰から、「風」の意味に「叒」を用いたのである。

　殷代には「凡(丹)」を加えた異体(叒)があるが、「凡」は中空の容器の形であり、「かぜ」の意味に関係しないので、音符と推定される。当初は韻尾が [m] であったが、中古音で韻尾が [ng] に転換したとする説が有力視されている。

　「風」の字形については、東周代に鳥の形を蛇の象形の「虫」に変えた形(叒)が作られた。風を起こす神格が蛇あるいは竜に転換したのであろう。鳥の形を用いた字形は楷書の「鳳」になり、虫を用いたものが「風」になった。

風・鳳の字形史

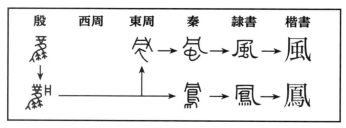

| 殷 | 西周 | 東周 | 秦 | 隷書 | 楷書 |

　なお、韻母が音符と大きく異なる文字の比率は、音符の形が残ったもの(表4-9・表5-8参照)に比べて高くなっている。音符の形が変化すると、どの部分が音符か分からなくなるため、音符と文字の発音が乖離しやすかったのであろう。

表5-11　音符が変形した文字（韻母の相違が大きい）

文字	上古音〜音読み	意符	本来の音符	音符の上古音〜音読み	変化した形
昔	(古)siak →(中)siek →(呉)シャク(漢)セキ	日	巛	(古)tsə→(中)tsɒi →(呉)サイ(漢)サイ	卋
絶(絕)	(古)dziuat →(中)dziuet →(呉)ゼチ・セツ(慣)ゼツ	糸+刀	刂	(古)tsiet →(中)tsiet →(呉)セチ(漢)セツ	巴
倍	(古)bə →(中)bɒi →(呉)バイ(漢)ハイ	イ	杏	(古)piu →(中)piəu →(呉)フ(漢)ホウ	咅
部	(古)buə+bə →(中)bu+bəu →(呉)ブ+ブ(漢)ホ+ホウ	阝	〃	〃	咅
風	(古)piuəm →(中)piung →(呉)フ(漢)フウ	虫	凡(凡)	(古)biuəm →(中)biuɐm →(呉)ハム-ハン(漢)ボム-ボン	几
服(服)	(古)biuək →(中)biuk →(呉)ブク(漢)フク	舟	〃	〃	月
犯	(古)biuam →(中)biuɐm →(呉)ボム-ボン(漢)ハム-ハン	犭	弓	(古)ghəm →(中)ghɒm →(呉)ガム-ガン(漢)カム-カン	㔾

◈ **転注後の音符としての使用**

　ここまでは、形声文字と音符の発音を類似する関係として考えられるものを挙げた。しかし、漢字の発音の変化は連続的とは限らないのであり、非連続的な変化として第2章でも取り上げた「転注」がある。

　転注の解釈には諸説あるが、本書では意味による用字法、すなわち既存の文字を類似する意味の別の言葉を表示するために転用する方法にこの呼称を用いている。例えば月の象形である「 ☽・☽ 」を、夜間を表す「夕」の意味の表示に用いるようなものである（第2章参照）。

　転注の場合、転用された対象の言葉は、意味には類似点があるが発音は必ずしも類似しないことが特徴である。つまり、転注では「一字二音」の状態になるのであるが、その文字が形声文字の音符になると、どちらの発音で使われたのかは見た目では区別できない。

さらに、転注された発音で形声文字の音符として使われた後、元の文字がその意味・発音で使われなくなることもある。この場合には、形声文字でありながら、発音表示としての機能を失ってしまう。

　例えば「立」は、人が地面の上に立っている様子を表した文字であり、この意味では音読みが「リュウ」（「リツ」は慣用音）である。その後、転注の用法で「特定の位置に立つ」の意味にも転用されており、この意味では音読みが「イ」である。

　そして、後者の意味について、意符として「人（イ）」を加えた形声文字の「位」が作られたが、「立」の方は転注の意味・発音で使われなくなった。そのため、「立」は「建立（こんりゅう）」など「リュウ」（上古音は [liəp リョフ]）で読まれるが、「位」は「即位（そくい）」など「イ」（上古音は [ghiuəi ギュオイ]）で読まれており、発音表示としての役割が失われている。

　このように、転注の発音で形声文字の音符に使われた後、一字二音が解消されてしまうと、本来は形声文字（形声亦声）だったことが表記上では分かりにくくなるのである。

　そのほか、「𠂤（つい）」は軍隊を象徴するものであり、軍隊を意味する「師」の意味に転用されたが、後に「シ」の発音では読まれなくなった。一方、「師」は意符として巡ることを表す「帀（そう）」を加えた形声文字（形声亦声）である。こちらは「シ」の発音が残っており、また軍隊の意味でも使われる（師団（しだん）・出師（すいし）など）。

　「帚（しゅ）」（慣用音は「ソウ」）は箒の象形であり、家内の経営を担当する「婦」の意味に転用されたが、これも現在では「フ」とは読まれず、意符として「女」を加えた「婦」だけが「フ」として読まれる。ちなみに「箒（しゅう）」（これも慣用音は「ソウ」）は初形に意符として材料の「竹」を加えた形声文字（形声亦声）である。

「退」は「復」から分化した文字であり、「かえる」から転注して「しりぞく」の意味にも用いられた。しかし、「復」は「しりぞく」の意味で使われなくなったため、発音上の共通点がなくなった。なお「退」のうち、「𠂆」のような形は音符の「復」が変化したものである。

以上のような、形声文字の音符が転注後の発音で使用され、かつ音符とされた文字が転注後の発音で使用されなくなった文字を一覧にしたのが表5-12である。音符が変形したものには「†」を付している。

表5-12 転注後の発音で音符として使用され、かつ音符とされた文字が転注後の発音で使われなくなったたもの（一般的な音読みを表示）

形声文字	文字の発音	音符	音符の発音	原義の発音	転注後の発音
位	イ	立	リュウ	リュウ	イ
師	シ	𠂤	ツイ	ツイ	シ
退	タイ	复†	フク	フク	タイ
婦（婦）	フ	帚	シュ	シュ	フ

◈ 音符として使用後の転注

次も転注に関わるものであるが、前項とは逆に、音符が本来の発音で形声文字に使われたが、音符に使われた文字には転注の意味・発音のみが残った例を挙げる。

「寸」は、原義が「ひじ」であり、本来は「肘（チュウ）」と同じ陰声の発音であった。その発音で音符に用いられた文字に「守（シュ）」や「討（トウ）」があるが、後に「寸」は、転注の用法で手で測る長さの意味（音読みは陽声の「スン」）に用いられ、原義では使われなくなった。そのため、「寸」と「守」「討」には発音の乖離が発生した。

「夭」は人が走っている様子を表した象形文字であり、原義が「はしる」、音読みは「ソウ」である。これも転注で「早死に」の意味（音読みは「ヨウ」）だけに使われるようになり、原義の表示である「走」とは発音が異なっている（「土」の部分が「夭」が変わったもの）。

　「厂」は、本来は石（石製の打楽器）の象形の略体であり、発音は「セキ」であるが、後に字形からの連想によって「がけ」の意味に転用された（音読みは「カン」）。この場合には転注（借義）ではなく、字形を借りる用法（借形）にあたる。これも転用後の発音しか残っておらず、原義の表示である「石」（意符として祭器の形としての「口」を付加）とは発音が異なっている。

　「朕」とそれを音符とする「勝」については例外的であり、方言の差異と考えられる（3章末のコラムを参照）。

　以上のような、形声文字の音符として使用された後、音符の方が転注などによって別の発音になった例を一覧にしたのが表5-13である。音符が変形したものには「†」を付した。これらの文字については、文字と音符の発音が、原義と転注後で表5-12とは逆の関係になっている。

表5-13　形声文字が作られた後に、音符とされた文字が転注で使われ、かつ原義で使われなくなったもの（一般的な音読みを表示。転注前の発音が分からないものは推定音を表示）

形声文字	文字の発音	音符	音符の発音	原義の発音	転注後の発音
守	シュ	寸	スン	チュウ	スン
勝	ショウ	朕†	チン	トウ？	チン
石	セキ	厂†	カン	セキ	カン
走	ソウ	夭†	ヨウ	ソウ	ヨウ
討	トウ	寸	スン	チュウ	スン

表5-12と表5-13に挙げた以外にも、転注が疑われる例がある。例えば「僉（セン）」は、「検」（旧字は「檢」）や「験」（旧字は「驗」）などの音符に使われているが、いずれも音読みが「ケン」または「ゲン」であり、「僉」とは声母が異なっている。

　時代によって徐々にずれたという可能性もあるが、牙音の「ケン」と歯音の「セン」は漢語の声母分類としては違いが大きい。そのため、「僉」の本来の発音が「ケン」であり、それによって「検（檢）」や「験（驗）」に音符として使われた後、「僉」が転注などによって「セン」となり、その読みだけが残って本来の「ケン」で読まれなくなったとする説もある。

　ただし、「僉」を「ケン」で読む例はなく、意味も現在では「みな」（音読みは「セン」）しか残っていないため、確実な証明は難しい。

音符としての余紐文字

　表5-2や表5-4など、上古音の段階で形声文字とその音符で声母が異なる場合には、音符の声母が [ly] であることが目立つ。

　本書は分かりやすく上古音をアルファベット表記にしており、専門的な分類呼称は使用していないが、音韻学（発音の研究分野）では、声母の [g] が「群紐」、[s] が「心紐」など、該当する代表的な文字で「某紐（某母とも）」という分類をしている。

　そして、上古音の声母が [ly]（発音記号では [ʎ]）の代表的な文字として「余」があり、声母の [ly] を「余紐」と呼ぶ。またここでは、それを声母とする文字を「余紐文字」と呼称することにしたい。なお、研究者によっては「以紐」と呼称するが、本書は『古今音表』に従って「余紐」を用いる。

　さて、なぜ余紐文字は音符になりやすいだろうのか。ひとつの説として、余紐の上古音を [ly] ではなく [l] と見なし、そのほかにも発音が近い声母が多かったと仮定する考え方もある。つまり、余紐に類似する発音が多かったため、音符に多く使われたと考えるのである。

　例えば、林連通・鄭張尚芳『漢字字音演変大字典』は、上古音の余紐（以紐）を [l] としたうえで、「他」などの声母を [t] ではなく [lh] とする。同様に「次」などの声母を [ts] ではなく [sl] とし、「首」などの声母を [sy] ではなく [hl] とするなど、多くの声母に [l] が含まれていたと仮定する。このように、[l] を含む声母が多かったため、余紐の声母である [l] が多種の声母の音符として通用したとする。

　しかし、[l] に近い声母が多かったため [l] の余紐文字を音符に使用

したと仮定すると、余紐文字の発音に対して [l] に近い発音を音符として代用することも、同程度、発生することになるはずである。

　ところが、実際には数値に大きな偏りが見られる。本書の表で挙げた文字で、余紐文字が異なる声母の形声文字の音符に使われているものは 28 文字であるが、異なる声母の文字が余紐の形声文字の音符に使われているものは 7 文字しかない。

　これは、より大きな統計でも同様である。最古の字源字典である『説文解字』(後漢代)に記載された形声文字(約 9000 字)について統計をおこなった張亜蓉『《説文解字》的諧声関係与上古音』によれば、余紐文字が異なる声母の形声文字の音符に使われている数は 342 文字であるが、異なる声母の文字が余紐の形声文字の音符に使われている数は 122 文字しかなく、やはり大きな差がある。

　つまり、余紐文字は他の声母の発音であっても音符として使われやすいが、逆に余紐の発音に他の声母が音符として使われにくいのである。

　なぜ、このような偏りが発生したのかについて、余紐文字は声母に関わらず代用可能な音符と見なされたという仮説が立てられる。そのように考えると、余紐文字が音符に多いことが整合的に説明できる。つまり、ある言葉を形声文字で表現する際に、ちょうどよい音符がない場合、韻母が同じか近く、かつ声母が余紐の文字で代用したのである。

　さらに、余紐文字が音符として使われている形声文字の声母の傾向を見ると、発音が比較的近い [d] や [sy] などに多い。したがって、基本的には余紐文字は舌音・歯音の代用だったと考えられる。

　それでは、喉音・牙音・唇音はどうだったのかというと、先に挙げた『《説文解字》的諧声関係与上古音』の統計では、喉音・牙音では音符として代用されやすい声母に送気音ではない [k] (「見紐」と呼ばれる分類)

がある。見紐文字が喉音・牙音の中で異なる声母の形声文字の音符に使われている数は657文字であるが、異なる声母の文字が見紐の形声文字の音符に使われている数は152文字しかない。喉音・牙音の枠組みでは見紐が代用音だったと考えられる。

同様に、唇音の内部では送気音ではない [p]（「幇紐」と呼ばれる分類）が代用音になっており、幇紐文字が唇音の中で異なる声母の形声文字の音符に使われている数は305文字であるが、異なる声母の文字が幇紐の形声文字の音符に使われている数は96文字である。

まとめると、上古音における声母の代用は、以下のようになる。

喉音・牙音................ 見紐（送気音ではない [k]）

歯音・舌音................ 余紐（[ly]）

唇音............................ 幇紐（送気音ではない [p]）

従来は、複数の声母にわたって使われている音符の発音について、上古音を足し合わせて復元する傾向があった。しかし、こうした代用音のほか、転注による非連続的な発音の変化や引伸義の発音分化などを考慮すれば、そうした不自然な復元をする必要がない文字が多いのである（詳しくは「附論2」を参照）。

ちなみに、音符の代用音の原則が当て字にまで及んだとすれば、前章末のコラムで挙げた「アレクサンドリア」の当て字の「烏弋山離」も [alyiəkshanliai] ではなく [a?əkshanliai] という表現だったことになる（[?] の部分は歯音・舌音であれば何が入ってもよい）。また、「ヤマト」の当て字の「邪馬台」も [lyiamadə] ではなく [?amadə] の表現だった可能性が出てくる。

逆に言えば、もし厳密な発音表示だったと仮定すると、アレクサンドリ

ア (Alexandria) の [l] とヤマト (yamato) の [y] が同じ声母で表現されること
は矛盾するので、余紐文字の代用は外国語の当て字にも適用されたと
考える方が自然であろう。

漢字の発音と意味の関係性

◈ 字源と語源の統一の試み

「字源」とは字形の起源であり、「語源」とは言葉の起源である。漢字について、この両者を統一させようとする考え方は古くからあった。

北宋王朝の時代に、新法改革で有名な王安石らが唱えた説に「右文説」というものがある。これは、形声文字の音符（文字の右側に付くことが多い）について、すべてが発音だけではなく意味も表したとするものである。

右文説では、例えば「波（「皮」が音符）」の字形構造を「水（氵）」と「皮」に分け、「水の皮」の意味と解釈する。形声文字の音符には意味も含む亦声も多いので、無根拠ではなかったものの、しかし、すべての音符に意味があるとした右文説はあまりにも極端であった。「水の皮」説を唱えた王安石も、「それでは『滑』は『水の骨』か」と言われて答えに窮したという逸話が残っている。

こうして右文説は失敗に終わったが、近現代において、それに近い手法で文字分析をおこなったのが藤堂明保である。藤堂が基礎としたのは、スウェーデンの言語学者であるカールグレン（Bernhard Karlgren）の学説であり、上古音を復元した上で、類似する漢字の発音を「単語家族（word families）」としてグループ化する手法である。

藤堂は、カールグレンの学説の問題点を指摘して一部の上古音を独自に復元し、さらにカールグレンよりも詳細なグループ化をおこなった。カールグレンは声母と韻尾のみを分類対象として10のグループに分けたが、藤堂は伝統的な上古音分析も利用して主母音も含めて分類し、200以上のグループに分けた。

そして形声文字に限らず、すべての文字について、同一グループに属する文字は必ず同一の「イメージ」を共有すると考え、それを語源だけではなく、字源にまで適用しようとしたのである。

個々の漢字には、字形・発音・意味の3つの要素が備わっている。北宋代の王安石らは、形声文字に限定して、字形のうち音符によって発音と意味も統一しようとした。一方、藤堂は、すべての漢字を対象として、発音によって字形と意味も統一しようとしたのである。藤堂の思想は、より壮大だったと言えるだろう。

　ちなみに、近い発音が近い語源であるという解釈は、すでに漢代から見られる。例えば『説文解字』は、「日」を「実なり」とし、中身があるという語源を想定し、「月」を「欠なり」とし、欠けるものという語源を想定する。藤堂の方法は、こうした語源の共通点に対する考え方を字源にまで応用したものという面もあった。

　以下、藤堂の学説を紹介し、またその問題点を挙げる（藤堂の学説はすべて藤堂明保『漢字語源辞典』（1965年）から引用する）。なお、藤堂はカールグレンと同じく陰声の韻尾に有声子音を想定する（例えば馬の上古音を [maマ] ではなく [mag マグ] と推定する）が、附論1の議論には直接には関わらないので有声子音の表記は省く。

◈「イメージ」に基づく字源研究

　藤堂による、各グループの「イメージ」に基づく字源研究について、200あまりに分けたグループのうち、ここでは最初と最後だけを例として紹介する。

　グループの「No. 1」～「No. 8」は、上古音の声母が舌音で主母音が [ə]、そして韻尾が陰声または入声の文字（[tə] や [diək] など）であり、そのうち「No. 1」に属する文字は、すべて「じっとひと所にとまる」というイメージを共有すると藤堂は考える。

　「No. 1」に属する文字のうち、教育漢字から例を挙げると、「止」は「ひ

と所にとまる」であるが、「得」も「じっと手中に持つ」というイメージが基礎にあると見なす。同様に、「歯」は「じっとかみ止める」、「台（臺）」は見晴らし台の形で「じっとひと所に停止する」、「持」は「手でじっと止める」というイメージが基礎にあると見なす。

　グループの最後である「No. 223」は、上古音の声母が唇音で主母音が [a]、韻尾が陽声の [m] の文字（[pam] や [biam] など）であり、すべて「枠_{わく}をかぶせる、平らな面でおおう」というイメージを共有すると見なす。

　例えば「法」は、古くは「灋」の形で、「水（氵）」と「去」および動物の象形の「廌_{たい}」から成る。藤堂はこれを動物を閉じ込めて水が枠のようにとり巻いた様子と解釈し、「はみ出る行動をおさえる枠を、法という」とする。

　このグループの教育漢字は「法」のみであるが、それ以外では、藤堂は「凡」を「帆」の初形または平らな板の象形と見なし、「一定の面積を持った枠」でやはり「枠」というイメージが語源にあるとする。また、「弓_{かん}（楷書では𠃌になる）」について「枠をかぶせておさえたさまを示す指事的な文字」とし、それを使用した「氾」や「範」は語源を「枠をこえる」と解釈する。

◈ さまざまな**曲解**

　このように、発音が類似する文字のグループ全体で「イメージ」を共有していたとする想定が藤堂の字源研究の前提であるが、結論を言えば、あまりにも極端であった。

　例に挙げた文字のうち、「凡（⊟）」には「帆」や「板」としての用法がなく、殷代の甲骨文字では矢（𠂐）を入れる「箙_{えびら}」の初形（曲）や打楽器の象形の「南（𠉒）」に使われており、実際には中空の容器の一般形である。当然、「一定の面積を持った枠」というイメージにはつながらない。

凡　⿱　　　籤　⿰　　　南　⿱

　文字の意味についても、例えば藤堂は「歯」を「じっとかみ止める」と
したが、それでは食物が咀嚼（そしゃく）できない。また「得」も、甲骨文字などでは
「獲得」の意味で用いられており、「保持」の意味では使われない。

　「犯」に使われた「⺖」について、藤堂は「指事的な文字」としたが、こ
れは藤堂が理解できなかった形を抽象的な記号と解釈しただけである。
「⺖」は、現在では鋳型の象形とする説が有力であり、意味としては
「范（はん）」（もとは草の名だが「いがた」の意味に使用）が近い。

　そのほかでも、例えば藤堂は四角形（□）を「特定の場所」を表す抽象
的な記号と見る（『漢字語源辞典』36頁）が、実際は「丁」の初形であり、都
市や部屋の象形として使われている。また「斤」について、藤堂は後の
時代の字形（⺁）から、「左側は切られる物を、右側は切る道具を表わす」
とする（『漢字語源辞典』44頁）が、古くはつながった「⺆」の形であり、実際
は斧の象形である。

　そもそも、藤堂が想定する各グループの「イメージ」も、歴史資料に何
らかの根拠があるわけではなく、「藤堂自身が持っていたイメージ」にす
ぎない。

　例えば、藤堂は「枠」のイメージを「No. 223」だけではなく「No. 24」
「No. 26」「No. 107」「No. 135」にも適用する。しかし、古代中国の社会
において枠が重要だったかというと、別にそのようなことはなく、単に藤
堂が枠のイメージで字源を考えるのを好んだというだけなのである。

　しかも、「氾」や「範」では「枠をかぶせる」というイメージのはずなのに、
逆に「枠をこえる」という解釈をしており、あまりにも恣意的である。

◈ 時代による変化

　藤堂は、発音と意味・字形を固定的なイメージで結びつけようとしたが、その手法も誤りである。上古音の時代、すなわち殷代・周代から秦漢代まで、少なくとも1500年にわたって同じ発音グループが維持され、かつ同一のイメージも共有され続けたとする想定は、荒唐無稽と言わざるを得ない。

　そもそも、漢語に限らず、あらゆる言語には同音異義があり、その逆の異音同義もあり得るのだが、発音とイメージを固定的な関係とする藤堂の想定は、そうした人間の言語の多様さを無視したものであった。

　先に例として挙げた文字のうち、「止」について、藤堂は「とまる」の意味から「イメージ」を分類するが、「止」には全く逆の「ゆく」の意味もある。このことについて藤堂は、「けだし、→状にある点に向けて直進するものは、同様やフレがないから、見方によっては一点に定着して注がれているとも言える」(『漢字語源辞典』69頁) という強引な解釈をして「とまる」のイメージに含めた。

　しかし、最古の漢字資料である殷代の甲骨文字では、「止」は「ゆく」の意味でのみ使われており、「とまる」の意味は周代に出現したものである。仮に語源・字源をイメージで分類するとしても「ゆく」に関連した分類にすることが必要である。藤堂の分類法は、こうした時代順の分析も欠けていた。

　同様に、藤堂は「法」を「枠をかぶせる」のイメージに分類したが、これも最初に出現した西周代には「すてる」の意味で使われていた。「のっとる」の意味は東周代に出現したものである。

　なお藤堂は、文献資料の研究者であり、甲骨文字や金文など古代文字の研究者ではなかった。甲骨文字や金文は、藤堂は字形としては使

用したが、文章として読解したり研究に応用することはなかったので、そもそも文字の意味を時代的に分析をすることは不可能だったようである。

◈ 感覚イメージによらない発音

　藤堂が想定する「イメージ」は、「かこう」「とまる」「あかるい」「やわらかい」など、すべて視覚または触覚によるイメージである。つまり、人間の感覚だけを前提にしていたのである。

　しかし、漢字は人間社会の中で作られ、また使われたのであり、人間関係を前提にした言葉や文字も存在する。そうした場合、感覚のイメージだけでは成り立ちを説明できないことが多い。

　例えば「友」について、藤堂は「No. 24 かばう、かこう、わく」のイメージが基礎にあるとし、「かばい合う仲間」を原義とする。

　しかし、初出の殷代には、王朝の支配体制における「同格の者」という程度の意味で使われており、「とも」は引伸義である。「同格」は人間関係を前提にしており、藤堂が想定する感覚イメージでは分析できない文字である。

　同様に、藤堂は「兄」について、「No. 109 大きくひろがる」のイメージに分類し、「きょうだい仲間のうち、『大きい人』」とする。

　しかし、初出の殷代には兄も弟も「兄」と呼ばれており、同一輩行内での長幼区分がなかった（英語の "brother" に近い用法）。長幼の区分が出現したのは西周代になってからである。

　文化人類学の研究により、親族呼称は親族内の役割や関係を反映していることが明らかにされている。したがって、呼称の変化については役割や関係に何らかの変化があったためと推定されるので、「兄」についてもそうした面から分析する必要がある。

◈ **字源と語源の相違**

　藤堂の研究手法において、最も大きな問題は、漢字について字形・発音・意味の統一が本当にできるのかということである。

　例えば、藤堂は「王」について、「No. 109 大きくひろがる」のイメージが元にあるとし、「王」の意味を「『大きい』という意味からの派生義」とした。さらに字形についても、「大」を用いた形とする。

　つまり、「大きい」のイメージによる発音、「大きい」の意味、「大」の形として、発音・意味・字形を統一的に解釈したのである。

　藤堂による王（王）の字形解釈については、人が立っている様子を表す類似形の立（立）が大（大）を使っていることからの連想であろうが、古代の文字資料では「王（王）」と「立（立）」は明確に区別されており、単独でも会意文字や形声文字でも混用されることはない。

　実際には、「王（王）」は鉞の象形である「戉（せつ）」の刃の部分を表示した形である。この点も、藤堂が甲骨文字や金文を読んで検証しなかったことを示している。

　そして、「戉」の上古音は [siuət シュオツ]、「王」の上古音は [ghiuang ギュアウ] であり、発音上の関連がない。つまり、字源と語源が一致しないことが明らかであり、藤堂による統一理論は物理的に不可能だったのである。

　ちなみに、鉞の刃を「王」の意味に用いた理由は、王が持つ軍事力（あるいは裁判権）を武器である「戉」によって象徴したとする説が現在では有力であり、一種の転注である。

　同じような例として「冬」がある。藤堂は、その上古音（[tong トウ]）を元に、「No. 33 ぐるりと取り巻く」のイメージが元にあるとし、その初形（△）を「乾して吊した貯蓄用の肉か果物」とし、「食物や収穫物を蓄えて、か

こっておく季節を意味する」と解釈する。

　しかし実際には、糸の終端を表した文字であり、つなげた糸束(𢇁)を切る様子を表した絶の初形(𢇀)から、それが明らかである。この文字は、原義が「おわり(終)」であり、後に「一年の終わりの季節」という引伸義で「ふゆ」の意味に用いられた(「終」は意符として「糸」を増し加えたもの)。発音については、終は上古音が [tyiong ティオウ] で「冬」に近いが、中古音が [tsyiong ツィオウ] になっており、冬(中古音が [tuong トゥオウ]) から離れている。

　こうした誤解は、なぜ起こったのだろうか。藤堂が分析の基礎としたのはカールグレンの研究であるが、より広く言えば西洋の言語学である。西洋では音素文字(表音文字)であるアルファベットを主に用いているため、言葉が意味表示の中心となっており、文字表現を経由してもしなくても結果は同じである(図 E-1)。

　そのため、藤堂も同じ方法で漢字を分析しようとし、「漢字の字形が暗示するのは、たんにそのコトバの語義の影法師だけであって、『語義そのもの』ではない」(『漢字語源辞典』17頁)という前提のもと、すべての漢字を発音の「イメージ」で捉えようとした。

　しかし、すでに述べたように、漢字は必ずしも文字(字形)と言葉(発音)が同じ起源とは限らない。漢字(および漢語)の場合、「言葉」とは発音に

よって意味を表示するものであるが、一方で、「文字」とは字形によって意味を表示するものであり、その関係（字源と語源）を統一しようとすること自体が論理的に不可能だったのである（図E-2）

図E

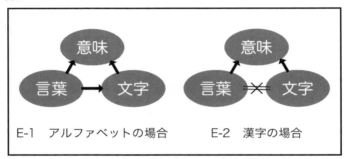

E-1　アルファベットの場合　　　E-2　漢字の場合

　このように、漢字には転注や引伸義による発音や意味の分化があり、その場合には語源と字源を統一して解釈することが物理的に不可能になる。特に転注については、西洋の文字体系ではあり得ない方法であり、漢字の特徴を際立たせている。「月の象形」を転注で「夕」と読むような方法は、英語で"moon"（ムーン）と書いて"evening"（イブニング）と読むようなものであり、表音文字の世界では実現不可能である。

　漢字は、表意性、すなわち字形によって意味を表示する性質が強く、西洋の言語・文字とは役割が異なっている。西洋の言語学を基礎として漢字の分析をしようとしたことは、藤堂が漢字の性質を理解していなかったためと言わざるを得ない。

◈ 語源と発音の関係性

　藤堂は、発音を基礎として、意味だけではなく字形までも統合しようとしたのであるが、その「統一理論」には根本的な誤解があり、失敗に終わった。しかし、字形を除き、発音と意味の関係だけで見るならば、依然として有効なものは少なくない。図 E–2 の左半分だけであれば、ある程度の関係性を認めることができるのである。

　例えば、「蔵」と「倉」は字形は全く異なるが、上古音はそれぞれ [dzangヅァウ] と [tshang ツァウ] で近い。おそらく「蔵（しまう）」と「倉（しまうところ）」は言葉の起源としても近かったのであろう。

　また、「島」は海中の陸地であり、上古音は [tu トゥ] であるが、その呼び名は川中の陸地である「州」（上古音は [tyiu ティウ]）が元になっている可能性が高い（史料上では「州」が先に出現する）。

　このように、曖昧な「イメージ」を媒介にしなくても、発音が近いものは意味も近いという例を多く見つけることができる。語源の類似と発音の類似には、ある程度の関係性が認められるのであり、『説文解字』が「日」を「実なり」としたのが正しいかどうかはともかく、分析方法のひとつとすることは可能なのである。

　ただし、発音と意味の関係は「比率として近いものが多い」という程度のものであって、絶対的な法則ではない。例えば「非」は鳥が飛ぶ様子を表す「飛」と上古音が同じであり（いずれも [piuəi ヒュオイ]）、また秦代ごろの字形も「非（非）」と「飛（飛）」には類似点があるため、藤堂を含め、非の字源を鳥と関係すると見なす説が多い。

　しかし、非は初出の殷代には人（亻）を使った「𢆟」の形であり、字形としては人が背を向けた北（北）に近い。おそらく、拒絶の様子から否定を表す文字として使われたのであろう。飛との字形・発音の類似は偶然の

一致に過ぎない。

　同様に、名（𠮷）は鳥が鳴く様子の鳴（𱇡）と上古音が同じであり（いずれも［mieng ミエイ］）、また字形の中にいずれも口（口）を含むため、藤堂を含め起源に関係がある文字と見なす説が多い。

　しかし、実際には、当初は「名」は祭祀名として使われており、「口」は「くち」ではなく「祭器」の表現とするのが妥当である。「名」の上部は月の象形（𝄞）であり、夜間の祭祀であろう。

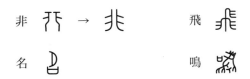

　このように、漢語にも同音異義や異音同義があり、また時代によって意味や字形が変化する場合もあるので、絶対的あるいは固定的な関係と見てはならないことに注意が必要である。

　発音と意味の関係性は、現状では「ある程度は有効」というものであり、学説の論拠になるような強力なものではない。当面は傍証（間接的な証拠）として利用すべきであろう。

◈ **語源研究の展望**

　それでは、今後、より信頼性の高い分析をするためには、どのような方法があるのだろうか。

　藤堂は文字の発音や意味を固定的な関係として研究したが、実際には「止」や「法」（前述）のような時代差があり、また「朕」（第3章末のコラム）

のような地域差もある。作られた時代や地域が異なれば、当然、発音に対するイメージも異なったはずなので、時代差・地域差を無視した研究は非科学的だったと言える。

　しかし、逆に、発音や意味の由来（時代・地域）を確かめることができれば、一定の信頼性が得られることが期待できる。

　ただし、文字の意味については各時代・各地域の文字資料が残っているので、分析が可能であるが、発音に関する資料は少ない。特に地域差という点では、現状ではその分析が可能なのは、漢代にまで降る。

　前漢代末期ごろの言葉の地域差については、その名も『方言』という文献資料が残っている。「地方の言葉」という意味の書名であり、現在の「方言」という言葉の元祖である。

　『方言』には、「党・暁・哲、知なり。楚、これを党と謂い、或いは暁と曰う。斉・宋の間、これを哲と謂う」のように、地域と方言の情報が記載されている。この場合では、「知る」（あるいは「知者」）という意味を表すときに、楚の地方（長江中流域）では「党」や「暁」を使い、斉〜宋の地方（黄河下流域）では「哲」を使うと述べている。

　そのほか、『説文解字』などにも方言の記述が見られ、近年には漢代の簡冊（竹の札を束ねたもの）も多く発見されている。こうした情報を多数集めることで、漢代の発音の地域差を明らかにし、さらに各地方が持っていた発音のイメージを推定できる可能性がある。ただし、『方言』は一部が失われており、また各文字がその地域でどのような発音で読まれていたのかも確証が得られないので、検証の際には誤差を減らすような工夫が必要だろう。

　そして現在、古代の発音について研究が盛んなのが、戦国時代の楚である。近年に楚の地域から簡冊が多く出土しており、その中には楚の

方言を使ったと考えられる文字も発見されている。新発見の資料ということもあり、発音だけではなく、歴史学・文学・考古学など多様な面から研究されている。

東周代の諸侯は雅言(がげん)(都の言葉)で外交をしていたようであり、楚の簡冊にも北方の言葉が多く入っているため、単純な比較はできないという難しさはあるが、今後、方言の南北差が分析されていくだろう。

戦国時代については一部の文献資料にも方言に関する記述があり、例えば思想家である孟子(もうし)は、南方出身の許行(きょこう)という人物について、「鴃(げき)舌の人(モズがさえずるように聞き取りにくい言葉を話す人)」と呼んでいる(『孟子』滕文公上)。当時から南北の方言差は認識されていたと考えられる。

一方、さらに遡った西周代や殷代については、地域差を分析できる情報がほとんどない。西周代の中心資料である金文(青銅器の銘文)は、その多くが王畿内で作られたもので、明確な地域差が見いだしにくい。また、地方で作られたものについても、当時はまだ文字が普及していなかったようで、王畿内の金文で使われる定型句をそのまま使用しているだけのものが多い。

殷代に至っては、甲骨文字の99%以上が首都で作られたものであり、しかも半数近くの文字種は後代に残っていない。したがって、殷代については将来的にも個々の文字の地域差を研究することは困難であろう。

このように、現状では西周代やそれ以前の発音の地域差を直接的に研究する方法が存在しない。しかし、統計を利用した分析によって、方言の発音体系は推定可能であると筆者は考えており、この点については「附論3」で述べる。

複声母説について

◈ **カールグレンの研究**

　上古音の研究は、近世の清王朝の時代から始められていた。ただし
『詩経』などの押韻（韻を踏むこと）が主な対象になっており、必然的に韻
母の分類（主母音と韻尾の枠組み。表 4-1・表 4-7 参照）が研究の中心であった。
そのため、実際に個々の文字がどのような発音だったかを体系的に復
元するまでには至らなかった。

　これに対し、先に挙げたカールグレンは、20世紀前半において、西洋
の言語学を応用して古代中国で実際にどのような発音がされていたの
かを復元（再構築）した。

　しかし、ひとくちに復元といっても、その努力と苦労は並大抵ではな
かった。カールグレンは中国各地をまわって方言を調査した。そして、
古い発音（中古音の系統）が残っているものを分析し、また文献資料に
残っていた中古音の枠組みと照らし合わせて、まず中古音を推定・復元
した。これだけでも非常に大きな成果である。

　また、それ以前から個別に発音が推定されることはあったが、カール
グレンは数千字を対象として分析をおこなった。これも多くの研究者に
影響を与えた。

　さらに、カールグレンは『詩経』などの古代の韻母の枠組み、および
音符を共有する文字群（「諧声系列」と呼ぶ）を中古音と照らし合わせて、
上古音を復元した。そして字典の *Grammata Serica* として 1940 年に発
表したのである（のちに改訂増補 *Grammata Serica Recensa*）。

　このように、カールグレンは西洋で発達した言語学を応用することで、
それまでの中国の研究では不可能だった具体的かつ総合的な発音の
分析を可能にした。この方法に多くの研究者が賛同し、中国では董同
龢や鄭張 尚芳らがこれを基礎として研究をおこない、前述のように、日

本でも藤堂明保がこれに加わっている。西洋でも、シュスラー (Axel Schuessler) やバクスター (William H. Baxter) などが同様の手法で発音字典を出版している。

　一方、中国の伝統的な音韻学 (発音の研究) の側も、20世紀の中ごろから具体的な発音の復元に取り組んでおり、1980年ごろに体系的な字音字典が作られた。本書が利用している『古今音表』もこの系統の研究であるが、後述するように、カールグレンらの方法とは異なる部分が少なくない。

◈ 複声母説の出現過程とその問題

　カールグレンの上古音復元のうち、特徴のひとつは陰声の韻尾にも子音を想定したことである。中国の伝統的な音韻学では、陰声は母音で終わる発音とされるが、カールグレンは大部分の陰声の韻尾に [g] や [d] などの子音が存在すると想定した。例えば「耳」の上古音を [niə ニョ] ではなく [niəg ニョグ] とし、「鼻」の上古音を [biei ビエイ] ではなく [bied ビエド] とする。

　その根拠は、上古音では陰声と入声が通用 (第4章参照) することであり、入声の [k] や [t] (無声子音) と通用するのだから、陰声にはそれに対応する [g] や [d] (有声子音) があったという発想である。

　しかし、第4章でも述べたが、入声は陰声末尾の母音の発声位置 (気道が最も狭まるところ) で詰まる音であるから、必ずしも陰声の韻尾に子音を想定する必要はない。当初は董同龢や藤堂明保など支持者が多かったが、現在では陰声末尾の有声子音に賛成する研究者は少数派になっている。

　そして、もうひとつの特徴として、声母に複数の子音を想定したことが

あり、これは「複声母(あるいは複輔音など)」と呼ばれる。その根拠とされたのは、音符を共有する文字群、すなわち諧声系列であり、同一の音符であっても中古音では声母が異なる例が見られることである。複声母説はすでに1920年代から唱えられていたが、カールグレンはそれを多くの諧声系列に適用し、複声母が中古音で分かれたとすることで、諧声系列の声母の相違を説明しようとした。

　例えば、「林」は中古音の声母が辺音の [l] であるが、牙音の「禁」(中古音は声母が [k]) に使われており、さらに「禁」は口をつぐむ意味の「噤」(中古音は声母が [g]) に使われていることから、カールグレンは「林」の上古音を [gliəm グリョム] と推定した。この場合には [gl] が複声母であり、牙音の [g] と辺音の [l] を組み合わせている。

　また、「稟」は中古音として辺音声母の [liəm リョム](音読みは「リン」)のほかに唇音声母の [piəm ヒョム](音読みは「ヒン」)があることから、その上古音を [pliəm フリョム] と推定した。

　こうした方法は、西洋の言語学の手法を応用したものである。そして、西洋の言語学を学んだ研究者の多くは、この方法に賛同した。

　しかし、第3章末のコラムですでに述べたように、漢字の場合には形声文字と音符、あるいは同一音符の諧声系列であっても、発音が非連続的に変化することは多く見られる。その原因として、①方言の流入、②意味を重視した亦声、③引伸義や転注による一字二音、④起源が違う形が偶然に近くなったもの、⑤代用音の音符、が挙げられる。

　本書では、上記について、①と②は第3章末のコラムで述べ、③については第2章と第5章で取り上げた。また、④については第3〜5章でその一部を解説し、⑤については第5章末のコラムで述べた(①については附論3でも述べる)。

176

ここでは、複声母に関係するものとして、あらためて②③④について、別の例を挙げて説明したい。

◈ **意味を重視した亦声**
　漢字の構造は象形・指事・会意・形声の4種で分類できるが、会意と形声の中間的なものとして、亦声が存在する。しかも、亦声は意味を重視する場合と発音を重視する場合があり、前者の場合は形声文字とその音符（あるいは会意文字と亦声の部分）に発音の相違が出現することになる。

　先に例として挙げた「林」と「禁」もそうした例のひとつであり、「禁」の原義は立ち入り禁止の神聖な林、すなわち「禁苑」である。「示」は祭祀に関わるものを表す文字であり、「林」と組み合わせた「禁」は会意文字（会意亦声）と考えられる。つまり、「林」は意味上の表示としての役割が強く、発音の近似は従属的な機能に過ぎないのである。

　さらに言えば、あるいは「神聖な林」と「林」の意味が近いために発音が近い（発音と意味の関連は附論1を参照）というだけであり、「禁」が作られた段階では発音表示という認識すらなかったかもしれない。

　したがって、カールグレンが「林」の上古音を [gliəm グリョム] と推定したのは、会意亦声を理解できなかったか、または文字上での意味と発音の役割を意識しなかったのかのどちらかである。いずれにせよ、西洋における言語学の知識や技術だけでは、漢字の成り立ちや用字法を捉えきれないという実例である。

　ちなみに、「林」を音符に使った形声文字については、「淋」「琳」「婪」など、すべて声母が辺音の [l] であり、牙音を用いた文字は見られない。この点も「林」の上古音に牙音が想定できることを示している。

　同様の例として、「婁」という文字についても、「楼（旧字は樓）」などのほ

か「貗」などにも使われるため、カールグレンは「婁」の上古音を [gliu グリュ] と推定した。しかし、「婁」は盛り上げた髪型の女性を表した文字であり、高層建築である「楼」に使われたのは、「盛り上げる」という意味も用いた亦声であると考えられる。また、「貗」は雌の豚を意味する文字であり、「婁」のうち「女性」の意味を含んでいると考えられる。

そもそも「婁」は、声母が歯音の「数（旧字は數）」にも声符として使われているのであって、声母が3種以上にわたる諧声系列は複声母でも表現できない。複声母説は、原理的に破綻していたと言える。

ちなみに、「数」の原義は「かず」ではなく「かぞえる」であり、また古代には「一」「二」「三」だけではなく四も横線を積み上げる形の「亖」を使っていたので、「数（數）」に「婁」が使われたのは、「盛り上げる」に近い「積み上げる」の意味表示に用いた亦声と考えられる。

次も同様の例である。「如（ニョ・ジョ）」は、「茹（同）」などに音符として使われ、この場合、カールグレンは中古音の声母を [n] とする（本書の分類では [nzy]）。しかし、「恕（ジョは慣用音）」は中古音の声母が [sy] であり、ここからカールグレンは「恕」の上古音を [snyio スニョ] と推定する。

しかし、「如」は仮借の用法で「〜の通りにする」の意味に使われており、「恕（ゆるす）」と意味に関連がある。つまり、「ゆるす」を意味する言葉に対して、発音はやや異なるが意味が近い「如」を音符として用いたと考えられるのであり、足し合わせて「恕」の声母を [sny] と復元する必要はないのである。

このように、漢字の成り立ちや用字法を理解できないと、「足し算方式」の復元になってしまい、無制限に複雑化してしまう。さらに、カールグレン以後にも漢字資料の発見や読解が進んでおり、近年ではその情報が豊富になっている。そのため、カールグレンの手法を継承した言語

学者の上古音復元は、より複雑になる傾向がある。

　教育漢字から例を挙げると、「化」について、シュスラーの *MINIMAL OLD CHINESE and LATER HAN CHINESE* は上古音を [hŋroih] とし、『漢字字音演変大字典』（上古音は鄭張尚芳の研究を反映）は [hŋʷrals] とし、バクスターとサガートの共著である *OLD CHINESE* は [qʷʰˤrais] とする（いずれもカタカナ表記は困難）。同様に、それぞれ「出」については [khluts]、[kʰliud]、[tkʰut] という複雑な上古音を推定する。

　漢語に近いチベット・ビルマ語派には、複声母や介音としての [r] を使う言語があるので、これらの推定発音も物理的に不可能とまでは言えない。しかし、人間の言語には一定の合理性・効率性が必要であるから、語彙の識別に不要な音価を敢えて発声していた必然性はない。しかも、それが中古音の分化において効率的に機能したとするのは、非科学的な予定調和と言わざるを得ない。

◈ 引伸義や転注による一字二音

　次は、引伸義や転注による一字二音の例である。

　先に例として挙げた「稟」について、声母に辺音（音読みは「リン」）と唇音（音読みは「ヒン」）があり、カールグレンはこの両者を同源とみて上古音を [pliəm フリョム] と推定した。

　しかし、「稟」は「穀物を収める倉庫」が原義の文字であり、この場合には声母が辺音（音読みは「リン」）であるが、引伸義または転注で「倉庫からの穀物の支出」の意味でも使われた（音読みは「ヒン」）。これも、「足し算方式」の上古音復元には意味がない例のひとつである。

　ほかにも一字二音の例は多い。例えば、「監」は、声母が牙音の「鑑」や「艦」の音符となり、また声母が辺音の「覧（旧字は覽）」や「藍」の音符

にもなることから、カールグレンは上古音を [klam クラム] と推定する。

　しかし、これも転注による一字二音と推定される。監の古い形は「𥃳」であり、人が目（⼾）で皿（𠙴）の中を見る様子を表している（目の形は縦に向けると「臣」になる）。原義は「みる」であり、「監」を使った形声文字のうち「覧」（覽）が近い。一方、異体字には皿に張った水を表す短線を加えて「人が水鏡を見ている様子」にしたもの（𥃥）がある。おそらく、ここから転注で「かがみ」の意味にも用いられたのであり、「監」を使った形声文字では「鑑」が近い。

　なお、現在使われている「監」については、意味は原義に近いが発音としては転注の側に近いという特殊な例である。

監　𥃳　𥃥

　「楽（旧字は樂）」についても、「たのしい」の意味では声母が辺音（音読みは「ラク」）であり、「音楽」の意味では声母が牙音（音読みは「ガク」）であることから、カールグレンは上古音を [nglok ングロク] と推定する。しかし、これも転注であり、足し合わせる必要はない。

　なお、楽（樂）は音符としての用法に偏りが大きく、『説文解字』に記載された文字で「楽（樂）」を音符とする文字は、「轢（れき）」や「礫（れき）」などすべて声母が辺音の [l] であり、声母が [ng] になった文字はひとつもない。つまり、古代においては「楽」を牙音の声母とするのは特殊な読み方だったのであり、この点も「楽の発音が複声母から分化した」という想定が成り立たないことを示している。

◈ 偶然の字形の類似

　カールグレンの上古音復元には、文字の成り立ちや構造を誤解したものも見られる。

　例えば、中古音の声母が唇音の [m] である「埋」について、字形に声母が辺音の [l] である「里」が使われていることから、カールグレンは上古音を [mlɛg ムレグ] と推定する。しかし、「埋」のうち「里」の部分は、「霾」という文字が省声（音符が省略されたもの）として使われたものであり、「里」は発音に関係しない。

　また、「昏」は字形に「民」（中古音の声母が [m]）が使われ、かつ「婚」（同 [h]）の音符にも使われることから、カールグレンは「昏」の上古音を [hmuən クムオン] と推定する。しかし、「昏」は「昏」の俗字であり、「婚」は「婚」の俗字であるから、「民」とは発音が無関係である。後代に字形が近くなったために俗字で用いられたが、殷代には「民（罕）」は「昏（盾）」の上部とは全く異なる字形であった。

　同様に、「品」は中古音の声母が唇音の [p] であるが、カールグレンは「臨（中古音は [liəm]）」の音符と考えて、上古音を [pliəm フリョム] と推定する。しかし「臨」は、本来は人が目（罒）で多くの器物（口）を見る形（䀹）であり、前掲の「監（䀏）」と同じような構造である。当然、「品」は音符ではない。もう少し厳密に言えば、1つのものを見つめるのが「監」、多くのものを見渡すのが「臨」であり、いずれも会意文字である。

　　民　罕　　　　昏　盾　　　　臨　䀹

❖「足し算方式」の問題点

　ここまでにカールグレンが想定する複声母を見てきたが、実のところ、カールグレンの *GRAMMATA SERICA RECENSA* では、複声母を想定する諧声系列はわずか約3%（1235組中36組。筆者調べ）にすぎない。おそらく連続的な変化だけで上古音を復元しようとしたために設けたもので、カールグレン自身も「苦し紛れ」の方法だったのではないかと思われる。

　カールグレンは、漢語を言語学として深く研究したが、漢字を文字学として研究することはほとんどしなかった。そのため、転注や亦声など、西洋にはない文字の使い方に関する分析が欠けてしまったのであろう。

　ただ、カールグレンの時代には、甲骨文字の研究が始まったばかりであり、情報の蓄積が少なかったので、そうした誤解がやむを得なかったということは付け加えておきたい。

　しかし、現在でもカールグレンと同様の誤解をしている研究者が多く、これは残念なことである。次表に、附論2で例示した文字について、カールグレン（*GRAMMATA SERICA RECENSA*）、シュスラー（*MINIMAL OLD CHINESE and LATER HAN CHINESE*）、鄭張尚芳（『漢字字音演変大字典』）、バクスター・サガート（*OLD CHINESE*）の上古音復元を挙げた（出版年順。上古音に前期と後期の相違を想定するものは前期のみ）。

表6-1　「足し算方式」の上古音復元(本書の記載順)

	カールグレン	シュスラー	鄭張尚芳	バクスター・サガート
林	gliəm	C-riəm	grum	—
婁	gliu	ro	gro	ro
恕	snyio	nʰah	hnias	ŋas
稟	pliəm	prəmʔ	pruumʔ	primʔ
監	klam	kram	kram	kˤram

	カールグレン	シュスラー	鄭張尚芳	バクスター・サガート
楽	nglok	ngrauk	ngrawɢ	ngˤrawk
埋	mlɛg	C-riə	mrɯ	mrˤə
昏	hmuən	hmən	hmuun	m̥un
品	pʰliəm	pʰrəm?	pʰrɯm?	pʰrəm?

※「―」は上古音の復元をしていない。声母の[̥]は無声鼻音、[C-]は声母を不特定。韻尾の[?] [h] [s]は中古音で声調になると想定。

　複声母の [l] を介音の [r] にしたり、複声母の [hm] を [m̥] という1つの無声鼻音にまとめたりなどの違いはあるが、いずれも方法としてはカールグレンと大同小異であり、漢字の構造や用法を無視して発音の「足し算」になっている。なお、「埋」など一部が単純化されているのは、声母が3種以上にわたるため、複声母でも表現できなかったものと思われる。

　より一般化して言えば、「足し算方式」の発音復元が有効なのは、音声（音価）の脱落のみが起こっている場合に限定される。逆に、音声（音価）に変化や追加が起こる場合、「足し算方式」には意味がない。実際にカールグレン自身もインド・ヨーロッパ語族の諸言語を足し合わせても祖語（共通祖先の言語）が復元できるわけではないことを述べている。これは日本語でも同じであり、各地の方言を足し合わせても古い日本語になるわけではない。

　そもそも、根本的な問題として、本書の第3〜5章で取り上げたように、漢字における音符は必ずしも正確な発音表示ではないことが挙げられる。西洋では文字が忠実に言語を反映しているため、文字を元に厳密な発音研究ができるが、漢字においてはそうした機能が期待できない。上記の諸研究が不必要に上古音を複雑化させたのは、厳密ではないものに厳密さを求めた結果と言えるだろう。

◈ 牙音 [k] と辺音 [l] の関係

　以上に述べたように、カールグレンが想定した複声母には、亦声・転注の不理解や字形構造の誤解などが含まれていた。また、第5章末のコラムで述べたように余紐文字の音符には代用音としての用法があったと考えられ、これも複声母の原因になっていた。

　カールグレンの複声母説からこうしたものを除くと、残るのは牙音の [k] と辺音の [l] の対応関係にほぼ限定される。

　例えば、「各」を音符とする形声文字の場合には、声母が [k] の客・閣・格などと声母が [l] の酪・駱・略などが大きな偏りがなく分布し、かつ亦声や転注として明確な理由がない。同様に、「京」を音符とする形声文字には、声母が [k] の景・倞・勍などと声母が [l] の涼・諒・掠などがあり、「兼」を音符とする形声文字には、声母が [k] の謙・嫌・慊などと声母が [l] の廉・鎌・濂などがある。

　こうした声母の [k] と [l] の親和性について、どのように考えるのかで諸説がある。

　ひとつは複声母として [l] を後続するもの（[kl] など）のみ認めるというもので、董同龢『漢語音韻学』などがこの立場を取る。

　また、[k] と [l] の中間的な声母があったと仮定する説もある。例えば尾崎雄二郎『中国語音韻史の研究』は牙音の辺音（口の奥で発音するラ行で発音記号は [ʟ]）を想定し、麗光華『上古音及相関問題綜合研究』は辺音の送気音（発音記号は [lʰ]）を想定しており、いずれも本来は同じ発音だったものが [k] と [l] に分化したと考える。

　そのほかでは、白川静『字統』は各や京などに一字二音を想定する。これも矛盾はないが、どのような過程で二音が出現したのかを全く説明していない。

また、介音として [r] を想定する説（前掲のシュスラーや鄭張尚芳など）もあるが、これを応用すれば、上古音においては [k] のみに介音の [r] が使用可能であったとすることも想定できる。これが後代に、[k] および（[r] が変わった）[l] に分化したとすれば、整合性が得られる。

　以上の4点は、実態としての発音が [k] と [l] で遠いことを前提にしている。しかし、認識上の発音の近似は、必ずしも実態に即していない。例えば日本語でも、古くは唇音だったハ行（[pa] など）が、現在では牙音（[ha] など）に移行している。

　そうであるならば、上古音の段階では [k] と [l] が近いと認識されていたと想定することも可能であろう。つまり、上古音においては清音と濁音のように牙音の [k] と辺音の [l] が近かったと見なされていたという仮説である。

　ちなみに、[l] は現代の音声学では舌音の発声位置であることが明らかにされている（表3-1を参照）が、辺音は中古音の韻書でも舌音などの「五音」とは別に分類されている。また日本の五十音順でも、辺音（ラ行）が舌音（タ行・ナ行）からは離れて置かれており、音声学的な分類とは異なっている。

　そのほかにも、方言ごとに声母に [k] と [l] の相違があり、それが王朝交代によって重層的に交代したという可能性もあるだろう。

　以上のように6つの可能性を挙げたが、残念ながら、現段階ではいずれかを特定できる情報がない。

　なお、もし [k] と [l] が認識上にせよ実際の発音にせよ近似していたならば、前述のうち「監」などの諧声系列についても、転注による発音の分化ではなく、引伸義による発音の変化という可能性も考慮しなければならない。ただし、引伸義も転注も意味が近い語彙であることは同じなの

で、明確な識別は難しい。

◈ 漢字の三要素相互の関係性

[kl] (あるいは [kr]) を認めるかどうかは、今後検討しなければならないが、いずれにせよ、カールグレンが想定した複声母は、その多くが不必要なものであった。

前述のように、カールグレンは初めて上古音・中古音の具体的な発音を総合的に復元したのであり、その功績は多大である。中古音については、枠組みとしてカールグレンの研究は現在でも有効な部分が多い。また上古音も、結果的に誤りがあったとはいえ、中国の研究者が発音の復元に取り組むきっかけを作ったのであり、研究史上で非常に重要な存在である。

しかし、最初の総合的な研究であるから、誤りが多いのも当然である。近年では文字の発音のほか、字形や意味の情報も整ってきているので、今後の漢字研究においては、その相互の関係性を考慮して分析することが重要であろう。附論1でも述べたように、漢字の三要素、すなわち字形・発音・意味は統一して固定的に解釈することはできない。だからこそ、相互の関係性を考慮して分析することが重要である。

特に転注や亦声については、西洋の言語学には存在しない概念であり、また、これまでは発音研究だけではなく字形研究でも意識されにくかった要素なので、今後、重点的に分析する価値があるだろう。

中国古代の韻母と上古音の成り立ち

❖ 上古音の非対称性

　古代の詩を集めた『詩経』などでは、押韻において主母音と韻尾が基準とされた。合計30種に分類されるが、その中には規則的ではない部分がある。表6-2に、上古音の主母音・韻尾の分類を規則的な部分と不規則な部分に分けて掲載した（表4-7を組み替えたもの）。

　AとBの部分については、いずれも主母音が3種類（[ə, a, e]）、韻尾が3種類（陰声・入声・陽声）であり、掛け合わせて9種類の分類になっている。

表6-2　上古音の主母音・韻尾の組み合わせ
（左：規則的な部分、右：不規則な部分）

　一方、Cは主母音が他で使われていないものであり、また主母音 [au] の陽声がない。Dについては、主母音が2種類しかなく、しかも陰声が全く存在しない。

　なぜ、このような非対称性が出現したのだろうか。そのヒントとなるのがCのうち [ung] である。この部分については、後漢代に作られた『説文解字』でも該当する文字が少なく、そのため新しく出現したものと考えられている。『説文解字』に掲載された約9000字の形声文字を統計した張亜蓉『《説文解字》的諧声関係与上古音』によれば、そのほかの29種のうち最も少ないのは [əng] と [auk] のいずれも120文字であるが、[ung] はその半数以下の57文字しかない。

そして、[ung] の由来については、Dのうち [əm] から分かれたとする説が有力視されている。[əm] → [əung] → [ung] という変化が想定されており、上古音を [ung] ではなく [əung] と推定する説もある（本書は『古今音表』に従い [ung] で表記している）。

　しかし、実は、「新しいから少ない」という単純なものではなかった。表6-3の「甲骨文字」の欄は、CとDの入声と陽声について、拙著『甲骨文字辞典』を元に、殷代の甲骨文字に出現していた文字のうち、後代にも残っている文字について、上古音を統計した数値である。『説文解字』の欄は、前掲の『《説文解字》的諧声関係与上古音』の統計による文字数であり、後漢代に作られた『説文解字』に記載された形声文字が対象になっている。そして、「増加率」の欄は何倍に増えたかである。

　これを見て分かるように、[ung] は殷代には相対的に少数ではなかった。もし、[ung] が [əm] から分かれたのであれば、より古くに作られた文字ほど [ung] が少ないはずだが、そうなっていないのである。

　[ung] が [əm] から分かれたとする説に整合性を持たせようとすれば、殷代に作られた文字に限定して、後の時代に選択的に [ung] に割り振ったと仮定しなければならないが、その行為に必然性はない。そもそも、

表6-3　C部分とD部分の数字と増加率

C	uk	ung	auk	ɔk	ɔng
甲骨文字	18	13	9	25	28
『説文解字』	137	59	120	176	256
増加率	7.6倍	4.4倍	13.3倍	7.0倍	9.2倍

D	əp	əm	ap	am
甲骨文字	12	27	7	11
『説文解字』	131	306	128	200
増加率	10.9倍	11.3倍	18.3倍	18.2倍

古代において文字が作られた年代を特定することも不可能である（各時代の資料が豊富に発見されている現代ですら手間のかかる作業である）。

　つまり、『説文解字』に [ung] が少ない理由は、「新しく作られたから」ではなく、「新しく作られにくくなったから」だったのである。

　その他の発音も、全体的にＣは増加率が低く、Ｄはそれが高い。このことは、周代においてＣよりもＤの文字が多く作られたことを示している。

◈ **殷代の方言**

　このように、表 6-2 のうちＣが殷代に好まれ、Ｄが周代に好まれたのであるが、これは「時代差」なのだろうか。結論を言えば、おそらくそうではない。

　Ｃの韻尾の [ng] については、Ａに [ang] などがあるので、その発音を参照してＤの [m] から派生して出現することは可能である。一方、Ｄの韻尾の [m] はＤ以外に使われていないので、Ｃの [ng] から派生して出現することは考えにくい。「Ｃが古く、Ｄが新しい」とする仮定は矛盾する。

　したがって、ＣとＤの出現数の差は、殷が都を置いた東方（現在の河南省東部）と、周が都を置いた西方（現在の陝西省南部）の「地域差」と考えるのが妥当である。

　また同じ理由で、西方方言がより古い漢語の形態に近く、東方方言が派生して出現した方言と考えられる。

　中国古代の歴史では、まず二里頭文化（現在の河南省西部）で最初の王朝が出現した。この王朝が、より古い漢語を使用していたと推定される。その後、東方から進出した人々が殷王朝を樹立し、都の周辺では東方方言が優勢になったと考えられる。さらに、西方から周王朝が出現し、西方方言が流入したのであろう。そして最終的に、西周代に「上古音」

として両者が統一されたのである。

表6-4 推定される古い発音体系

陰声	入声	陽声	
ə	ək	əng	A
a	ak	ang	
e	ek	eng	
əi	ət	ən	B
ai	at	an	
ei	et	en	
əu	əp	əm	E
au	ap	am	
eu	ep	em	

　それでは、東方方言と西方方言は、それぞれどのような体系だったのだろうか。重要な部分は上古音のうちDに陰声がないことである。第4章でも述べたように、陰声（母音で終わる発音）が詰まったものが入声であり、具体的には [a] や [ə] などが詰まると [k] の韻尾になり、[i] が詰まると [t] になる。これは、それぞれ母音の発声位置（気道が最も狭まるところ）で詰まらせたときに出現する塞音の清音である。

　陽声（鼻濁音の韻尾）もセットであり、無韻尾・[k] 韻尾のグループでは口の奥で発音する牙音の [ng] になり（これがAの部分）、[i] 韻尾・[t] 韻尾のグループでは舌先で発音する舌音の [n] になる（これがBの部分）。

　そうであるならば、入声や陽声として唇を閉じる韻尾の [p] や [m] が出現するには、それに最も近い母音である [u] の韻尾が存在したはずである。すなわち、[əu] とセットで [əp] と [əm] があり、[au] とセットで [ap] と [am] があったはずなのである。

　ところが、上古音では [au] はDではなくCの方に分類される。また、[əu] についてもCのうち [u] の元になった発音であり、上古音を [u] ではなく [əu] と推定する説もある。

　このように見てくると、CとDは同源であったと考えるのが妥当であり、より古い発音体系は、表6-4のように推定される。3種類の系統、3種類の主母音、そして3種類の韻尾で合計27種であり、きわめて対称性の高い体系である。

このうちEが変化を起こしたのであるが、まず東西の方言に分かれる前に、[eu] の [e] と [u] が混じって [ɔ] になったと考えられる（言語学で「母音融合」と呼ばれる現象）。そのため、韻尾が [u] ではないので、必然的に詰まった発音の入声が [ɔk] になり、陽声は同系統の [ɔng] となる。

　その後、東西の方言に分かれたのであるが、西方ではそのまま [p] と [m] の韻尾が残り、東方では [əu] と [au] に韻尾を加える形で [əuk][auk] および [əung][aung] になった。この変化はかなり不自然であるが、おそらく [əu] を「主母音 [ə]＋韻尾 [u]」ではなく、「[əu] という主母音」と解釈したのであろう。あるいは、[eu] から [ɔ] へと同様の変化が遅れて [əu] や [au] にも起こっていたのかもしれない（この場合、上古音は [au] ではなく [ɑ] や [o] などが想定される）。

　いずれにせよ、最終的に西周代に統合・整理されたとすれば、上古音の非対称性についても整合性のある説明ができる（表6-5）。具体的には、陰声（[əu] と [au]）についてはC側とされ、D側には残らなかった。また入

表6-5　推定される東西の方言差（C・D・Eの部分のみ）

C（東方方言）

陰声	入声	陽声
əu	əuk	əung
au	auk	aung
ɔ	ɔk	ɔng

統合（上古音）

陰声	入声	陽声	
u	uk	ung	C
au	auk		
ɔ	ɔk	ɔng	
	əp	əm	D
	əp	əm	

E（本来の体系）

陰声	入声	陽声
əu	ap	am
au	ap	am
eu	ep	em

D（西方方言）

陰声	入声	陽声
əu	əp	əm
au	ap	am
ɔ	ɔk	ɔng

声は全部残ったが、陽声は [aung] が消滅した。

　なお、この推定の場合には、従来の説である [əm] と [ung] の関連性も同一分類の方言差として説明が可能になるという利点もある。

　ところで、上古音の主母音に使われた6種類のうち、3種類（[u, au, ɔ]）の非対称性については以前から着目されており、これをどのように考えるかで諸説があった。大まかに2つに分けると、ひとつは本書のようにまとめてしまう方向性であり、もうひとつは [ə, a, e] の方を複雑化させて数量的なバランスをとる方向性である。

　後者の方法は、カールグレンの系統の研究者に多く見られ、例えばバクスターは30種の上古音分類をさらに分けて51の発音を想定し、鄭張尚芳は58もの発音に細分化する。しかし、「附論2」でも述べたように、あまりにも複雑化した発音体系を想定するのは、それ自体に言語としての矛盾をもたらすことになる。

◈ 数値的な整合性

　以上のように、殷代には漢語に東西の方言が存在したが、西周代に統合・整理されて上古音になったと推定された。この仮説について、直接的に証明する資料はないが、傍証であれば挙げることができる。

　傍証のひとつは数値である。次頁の表6-6の左は、殷代の甲骨文字の段階で出現していた文字のうち、後代に残った文字（合計約900字）を対象として、すべての韻母分類を統計したものである。

　この統計では、AとBに対して、CとDの数量が少ない。特に [auk] や [ap] は一桁の数値である。

　一方、表6-6の右は、推定される古い発音体系として統計したものである。こちらであれば、CとDのうち、同源の [uk] と [əp]、[auk] と [ap]、お

表6-6 上古音の主母音・韻尾の組み合わせと統計

(左：通常の上古音分類、右：推定される古い発音体系)

陰声		入声		陽声		
ə	61	ək	28	əng	17	A
a	76	ak	27	ang	66	
e	24	ek	12	eng	23	
əi	28	ət	14	ən	31	B
ai	30	at	35	an	58	
ei	42	et	18	en	29	
u	63	uk	18	ung	13	C
au	19	auk	9			
ɔ	27	ɔk	25	ɔng	28	
		əp	12	əm	27	D
		ap	7	am	11	

陰声		入声		陽声		
ə	61	ək	28	əng	17	A
a	76	ak	27	ang	66	
e	24	ek	12	eng	23	
əi	28	ət	14	ən	31	B
ai	30	at	35	an	58	
ei	42	et	18	en	29	
əu	63	əp	**30**	əm	**40**	E
au	19	ap	**16**	am	11	
eu	27	ep	25	em	28	

よび [ung] と [əm] が足し合わされる（太字部分）ので、数値のバランスが比較的よくなる。これは直接的な証拠にはならないが、少なくともCとDを同源と見なしても矛盾はないということは言えるだろう。

なお、[am] だけは少ない状態になっているが、これは対になる [aung] が消滅したためである。上古音の段階では [ng] 韻尾と [m] 韻尾は完全に独立した関係と見なされているので、[aung] の発音は、[am] ではなく他の [ng] 韻尾の発音に吸収されたと考えられる。

◈ [p] [m] 韻尾と [k] [ng] 韻尾の移動

上古音では、AとDの間での韻尾の移動が見られる文字がある。CとDの間ではないので、直接的な証拠にはならないが、これも方言によって好まれる韻尾が異なったことの傍証となる。

まず第3章末のコラムで挙げた「朕」があり、一般的な上古音の音符としては [ng] 韻尾で使用されており、[tiəng ティオウ] または [diəng

ディオウ］が本来の発音だったと推定されるが、西方から中国を統一した秦の始皇帝はこの文字を［diəm ディオム］と読ませた（呉音は「ジン」、漢音は「チン」）。

　同様に、「翌」も韻尾の移動がある。「翌（翌日）」の意味では、殷代には鳥の翼の象形（ ）が使われており、仮借の用法である。その異体字には、音符として「立（ ）」を加えたもの（ ）があるが、立の推定上古音が［liəp リョフ］、翌が［lyiəp リョフ］であるのに対し、翼は［lyiək リョク］であり、韻尾が異なっている。

　しかも、中古音では音符に使われた「立」は［liep リエフ］であり、韻尾の［p］が維持されているにも関わらず、「翌」は「翼」と同じく［yiək ヨク］になっており、発音が合流している。

　中古音の時代はもちろん、まだ上古音が使われていた後漢代の『説文解字』ですら、翼と翌が通用していたという情報は残っていない。これも、偶然に一致したと考えるよりは、方言差とした方が自然であり、翌・翼のいずれも、東方では［k］韻尾、西方では［p］韻尾という形で平行して使用され、最終的に中古音で東方方言のみが残ったのであろう。

　ちなみに、原義については、東周代に「羽」を意符、「異」を音符とする

翌（翊）・翼の字形史

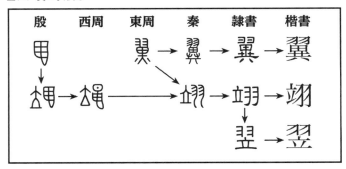

「翼（翼）」が作られたが、「異」は上古音が [lyiə リョ] であり、「翼」の東方方言とは陰声と入声の通用関係である。その後、秦代には「翼」の系統と「翼」の系統を折衷した「翊（翊）」が作られ、その異体が配列を変えた「翌」である。

第5章で取り上げた「風」にも韻尾の移動が見られ、韻尾が [m] から [ng] へ移行したとされる。「風」は音符として [m] 韻尾を持つ「凡」を音符としており、上古音は [m] 韻尾の [piuəm ヒュオム] と推定されている。しかし、音符の「凡」が [m] 韻尾のままであるにも関わらす、「風」は中古音では [ng] 韻尾の [piung ヒュウ] になっている。

これも同様に、東方方言の [ng] 韻尾と西方方言の [m] 韻尾が平行して使用され、最終的に東方方言のみが残ったと考えられる。ちなみに、「風」は風の鳴る音を表した擬音語と推定され、東方ではそれを「ピュウピュウ」と表現し、西方では「ピュンピュン」と表現したのである。

なお、こうした韻尾の相違について、かつて筆者は『漢字の成り立ち』（筑摩書房）において、[b] や [d] など「失われた韻尾」があり、それが消滅する際に分かれて別の発音に吸収されたために発生したとする仮説を述べた。しかし、こうした飛躍的な変化は、時代差とするよりも地域差と考えた方が整合的であろう。

◈ 上古音の成立時期について

ところで、いつごろ上古音は成立したのだろうか。春秋時代には雅言（都の言葉）で諸侯の外交が展開されたと考えられているので、少なくともそれまでには雅言としての上古音が成立していたはずである。

しかし、西周代のいつごろに上古音が成立したのかは、簡単には判断できない。もし東西の方言差があったとすれば、後に使い分けられた

[əp] と [uk]、[ap] と [auk]、[əm] と [ung] が古くは通用したはずである。

　しかし、西周代の金文は前半期には押韻を用いたものが少なく、『詩経』のように規定の文字数おきに押韻字を配置したもの（意図的な押韻であることが強く推定できるもの）は全く見られない。また、後半期についても、『詩経』的な押韻は出現するものの、押韻字として [əp] [ap] [ung] がほとんど使われていない。

　もし、[əp] と [uk] などが押韻する確実な例が見つかれば、それは方言が未整理であり、上古音が未成立の時期のものである可能性が高いということになるのだが、現状ではいつごろ方言が統合・整理されたのかを明らかにすることが難しい。

　なお、雅言として上古音は統一されたが、各地で方言は使われ続けた。附論1でも述べたように、戦国時代の孟子は南方の方言を「鴃舌」と呼んだ。また春秋時代末期に活躍した孔子は、『論語』によれば、『詩経』や『尚書』を雅言で読んだという。敢えて「雅言」というならば、普段は孔子がいた魯の地方の方言（東方方言）を使っていたのだろう。

　そして、秦漢代にも方言は残り、その一部が『方言』や『説文解字』などの文献資料に記された。「上古音」と呼ばれる発音体系は、古代の標準語ではあったが、中国全土で使われていた発音ではなかったのである。今後、方言も含めた古代の発音の全容が明らかになることを期待したい。

　附記：再校時に発見したことであるが、占いの兆しを意味する「兆」は、もと占いに関係することを示す「卜」と「涉」から成る形であった。推定上古音は兆が [diau]、涉が [zyiap] であり、もし音符として使われているならば、主母音・韻尾が [au]（Cの系統の陰声）と [ap]（Dの系統の入声）で通用していることになる。

おわりに

　本書は、形声文字を中心に古代中国の上古音から現代日本の音読みまでを述べ、また個別に具体的な例を挙げた。我々が何気なく使っている音読みであるが、何千年もの歴史を経て伝わった発音であることがお分かりいただけただろう。

　現代の日本でも形声文字が広く使われており、小学校で習う教育漢字でも6割ほどが形声文字であるが、その構造や発音について解説されることはほとんどない。さらに、中学校で学ぶ常用漢字は大部分が形声文字であり、高校の文系であれば、形声文字だけで最低3000字程度は覚えなければならない。

　文字数が少ないうちは個別に学んでもよいが、多くなれば体系的に学んだ方が効率的である。形声文字を体系的に学習することは、漢字研究や中国史・中国文学の分野にとどまらず、国語教育においても非常に重要なのである。しかし、現状では形声文字の構造が体系的に解説されないため、多数の文字を苦労して個別に学習するのが常態になっている。

　実のところ、筆者の専門は中国古代史や漢字の字形史なのだが、こうした現状も鑑みて本書を公刊することにした。ただ、本書は古代中国からの視点が多かったので、分かりにくい部分もあったかもしれない。今後は、教育学の専門の方に、小中学生向けにもっと分かりやすい解説書を発表していただくことを期待している。

　さて、形声文字は、意味を表す「意符」と発音を表す「音符」から構成される文字であるが、一般に意符が部首になるので、部首でない方が発音を表す音符である。

そして、この原則は音読みの難読文字にも応用可能である。例えば、「苛烈」はそれぞれ可（カ）と列（レツ）が発音を表しており、「剽窃」はそれぞれ票（ヒョウ）と切（セツ）が音符である。

　漢字の発音は長い歴史の中で変化することもあるが、一定の法則に収まっている文字がほとんどである。例えば「詮議」は、それぞれ全（ゼン）と議（ギ）が音符であるが、「全」は「ゼン」が第3章で述べた清音・濁音の通用によって「セン」の発音に用いられたものである。

　また、「曖昧」はそれぞれ愛（アイ）と未（ミ）が音符であるが、「未」は、第4章で述べた上古音（古代）から中古音（中世）での分化によって「マイ」に変わることがあり、同様の例として「妹（マイ）」がある。

　こうした形声文字の構造が理解できれば、仮に見たことがなく、意味も知らない熟語であっても、「咆哮」や「窈窕」などを読むことが可能になる。

　また、本書で解説した音符の使い方を見てもらえれば、「迂闊」や「匍匐」などの音読みも構造として理解することができ、また文字を覚えることも容易であろう。「翡翠」や「魑魅魍魎」も、発音が変化した文字があるが、形声文字の構造としておおよその見当が付くと思う。

　形声文字は漢字のうち最も多くの割合を占めるものであり、国語教育でも普段の読み書きでも大きな負担なのではないだろうか。しかし、形声文字の構造を体系的に理解することで、そうした負担も軽減できるのであり、それを多くの人に知っていただくことを願っている。

　2021年4月　　　　　　　　　　　　　　　　　　　　落合淳思

主要参考文献（著者の姓の五十音順）

王輝 主編『秦文字編』中華書局、2015年。

王平 主編『中国異体字大系・楷書編』上海書画出版社、2008年。

王力『漢語史稿』科学出版社、1957年。

大島正二『中国語の歴史』大修館書店、2011年。

大西克也・宮本徹『アジアと漢字文化』放送大学教育振興会、2009年。

小川環樹・西田太一郎・赤塚忠『角川　新字源』角川書店、1968年（1994年改訂版、
　　阿辻哲次ほか改訂新版2017年）。

尾崎雄二郎『中国語音韻史の研究』創文社、1980年。

落合淳思『漢字の成り立ち』筑摩書房、2014年。

落合淳思『甲骨文字辞典』朋友書店、2016年（第2版、2018年）。

落合淳思『漢字の字形』中央公論新社、2019年。

落合淳思『漢字字形史小字典』東方書店、2019年。

落合淳思『漢字の構造』中央公論新社、2020年。

カールグレン，B.（Bernhard Karlgren）*Word Family in Chinese, The Museum of Far Eastern
　　Antiquities*、1933年。

カールグレン，B. *Grammata Serica Recensa, Elanders Boktryckeri Aktiebolag*、1957年。

郭錫良『漢字古音手冊（増訂版）』商務印書館、2010年。

鎌田正・米山寅太郎『新漢語林（第二版）』大修館書店、2011年。

許慎（後漢）『説文解字』同治十二年刊本（附索引、中華書局、1963年）。

黄徳寛 主編『戦国文字字形表』上海古籍出版社、2017年。

高明・涂白奎 編『古文字類編（縮印増訂本）』上海古籍出版社、2014年。

国際音声学会 編／竹林滋・神山孝夫 訳『国際音声記号ガイドブック』大修館書
　　店、2003年。

斎藤成也ほか『遺伝子とゲノムの進化』岩波書店、2006年。

シュスラー，A.　（Axel Schuessler）*Minimal Old Chinese and Later Han Chinese*, University
　　of Hawai'i Press、2009年。

徐無聞 主編『甲金篆隷大字典（新版）』四川辞書出版社、2010年。

白川静『新訂 字統』平凡社、2004年（初版は1984年）。

臧克和・典郭瑞 主編『中国異体字大系・隷書編』上海書画出版社、2010年。

高松政雄『日本漢字音の研究』風間書房、1982年。

高松政雄『日本漢字音概論』風間書房、1986年。

築島裕 編『日本漢字音史論輯』汲古書院、1995年。

張亜蓉『《説文解字》的諧声関係与上古音』三秦出版社、2011年。

董同龢『漢語音韻学』中華書局、2001年。

董蓮池『新金文編』作家出版社、2011年。

西田龍雄『東アジア諸言語の研究I』京都大学学術出版会、2000年。

藤堂明保『漢字語源辞典』学燈社、1965年。

藤堂明保『漢語と日本語』秀英出版、1969年。

藤堂明保『学研 漢和大字典』学習研究社、1978年。

長澤規矩也・原田種成・戸川芳郎『新明解漢和辞典（第四版）』三省堂、2009年。

バクスター、W. (William H. Baxter)・サガート、L. (Laurent Sagart) *Old Chinese, OXFORD UNIVERSITY PRESS*、2014年。

ベネディクト、P. (Paul K. Benedict) *Sino—Tibetan: A Conspectus*, Cambridge University Press、1972年（電子組版、2009年）。

龐光華『上古音及相関問題綜合研究』暨南大学出版社、2015年。

ラムゼイ、R. (Robert S. Rmsey) 著／高田時雄・他 訳『中国の諸言語』大修館書店、1990年。

李珍華・周長楫『漢字古今音表（修訂本）』中華書局、1999年。

林連通・鄭張尚芳 総編『漢字字音演変大字典』江西教育出版社、2012年。

教育漢字の成り立ち一覧・索引

○ここでは教育漢字について、簡単に成り立ちを解説し、また形声文字（および亦声の会意文字）については本書で表として挙げたページ数を掲載する。末尾の丸数字は小学校の学習年次（最新の学習指導要領に準拠する）である。

○本書で取り上げていない象形・指事・会意文字についても、筆者の著作で成り立ちを述べたものがあれば表示しており、「A」が『漢字の字形』、「B」が『漢字の構造』に字形表の記載がある文字である（いずれにもない文字は「─」とした）。

○「音読み」は、最も一般的なもの（「常用漢字表」による）の五十音順で掲載し、同一の読みの場合は画数順で並べた。音読みが「常用漢字表」に記載されていない文字は訓読みで掲載し、音読みの側には掲載している読みを「→」で示した。最も一般的でない音読みでも、比較的多く用いられるものは、同様に「→」で掲載している読みを示した。

○「文字」（字形）について、新字体と旧字体で顕著な相違がある場合には、( )内に旧字体を表示した。

○「成り立ち」は、象形・指事・会意・形声の四種で表示し、会意亦声の場合には「亦声」とした（形声亦声は「形声」とした）。また指事文字の一部が発音を表す場合も「亦声」と表示している。国字については四種の成り立ちではなく「国字」とした。

○形声文字については字形構造を「意」と「音」で表示しており、「意」は意符、「音」は音符である。意符と成り立ちの関係が分かりにくいものは、行に余白があれば〔 〕内に原義または意符の意義を記した。

○部首の形は、本来の形で表示しており、例えば「扌（つちへん）」は「土」

「日（ひへん）」は「日」としている。また、例えば「イ（にんべん）」は本来が「人」、「阝（こざとへん）」は本来が「阜」であるが、こうした変型・略体化したものは、本来の形に「†」を付して表示している（音符が変形したのも同様）。ただし「⻌（本来は辵）」、「艹（艸）」、「攵（攴）」については、本来の形が現在ではほとんど使われないため、分かりやすく楷書の形を表示している。

○転注によって現在とは異なる発音で音符（または亦声）として使われたものについては、「‡」を付して表示した。

音読み	文字	成り立ち		表番号・学習年	
アイ	愛(愛)	形声	⎡夂+⎣惢†〔歩いて行く様子〕	2-2	④
アク	悪(惡)	形声	⎡心+⎣亜(亞)	4-8	③
アツ	圧(壓)	形声	⎡土+⎣猒〔土圧でつぶす〕	4-5	⑤
アン	安	会意	家屋の中に女性がいる様子	B	③
	案	形声	⎡木+⎣安〔木製のつくえ〕	1-2	④
	暗	形声	⎡日+⎣音〔日光がないこと〕	4-5	③
イ	以	象形	ものを持った人の形	B	④
	衣	象形	衣服の奥襟・前襟の形	A	④
	位	形声	⎡人†+⎣立‡	5-12	④
	囲(圍)	形声	⎡囗+⎣韋	2-1	⑤
	医(醫)	形声	⎡酉+⎣殹〔酒を使った医術〕	4-9	③
	委	会意	穀物を蓄える「彡」が初形	—	③
	易→エキ				
	胃	会意	胃の象形†と肉(にくづき)	—	⑥
	異(異)	会意	死者の仮面をかぶった人の姿	A	⑥
	移	形声	⎡禾+⎣多〔穀物の穂がなびく〕	5-6	⑤
	意	会意	音(言葉)で心を察すること	—	③
	遺	形声	⎡⻌+⎣貴〔物品を贈ること〕	5-4	⑥
イキ	域	形声	⎡土+⎣或	5-5	⑥

音読み	文字	成り立ち		表番号・学習年	
イク	育(育)	会意	子の上下逆の𠫓と肉忄	B	③
イチ	一	指事	一本の横線で数字を表示	—	①
いばら	茨	形声	意艹+音次(次)	3-10	④
イン	引	会意	弓とそれを引く手の形	—	②
	印	会意	座った人とそれを押さえる手の形	B	④
	因	会意	人の正面形とそれを取り囲んだ形	—	⑤
	員	指事	鼎忄の丸い口を表示	B	③
	院	形声	意阜忄+音完〔土塀〕	5-5	③
	飲	会意	食器と口を開けた人の形	—	③
ウ	右	亦声	右手の形の又(亦声)と器物	4-12	①
	宇	形声	意宀+音于〔屋根や軒〕	1-2	⑥
	羽	象形	鳥の羽を2つ並べた形	—	②
	有 → ユウ				
	雨	象形	天空から雨が降る形	A	①
ウン	運	形声	意辶+音軍〔巡り行く〕	3-8	③
	雲	形声	意雨+音云	1-2	②
エ	会(會) → カイ				
	絵(繪) → カイ				
エイ	永	会意	人が泳ぐ様子の表現	B	⑤
	泳	形声	意水忄+音永	1-2	③
	英	形声	意艹+音央〔花の形容〕	4-10	④
	映	形声	意日+音央〔日光が明るいこと〕	4-10	⑥
	栄(榮)	形声	意木+音熒〔木の一種〕	3-8	④
	営(營)	形声	意宮忄+音熒〔建築物の一種〕	5-4	⑤
	衛(衞)	会意	遠方に行って都市を守る様子	B	⑤
エキ	役 → ヤク				
	易	会意	雲間から指す日光	A	⑤
	益	会意	皿に水を増し加える様子	A	⑤
	液	形声	意水忄+音夜	4-8	⑤
	駅(驛)	形声	意馬+音睪〔駅伝の馬や宿場〕	4-2	③
エン	円(圓)	形声	意冂+音員	2-4	①
	延	会意	本来は道の形の彳と足の形の止	—	⑥

音読み	文字	成り立ち		表番号・学習年	
	沿	形声	意水彳+音㕣〔川に沿うこと〕	1-2	⑥
	媛	形声	意女+音爰	1-2	④
	園	形声	意囗+音袁	4-2	②
	遠	形声	意辶+音袁	4-2	②
	塩(鹽)	形声	意鹵+音監〔鹵は塩の袋〕	5-10	④
	演	形声	意水彳+音寅〔水が遠く流れる〕	4-9	⑤
オウ	王	象形	鉞の刃の形が王権を象徴(転注)	A	①
	央	象形	首かせをつけた人の姿	—	③
	応(應)	形声	意心+音雁	4-2	⑤
	往	形声	意彳+音㞷彳	2-2	⑤
	皇 → コウ				
	桜(櫻)	形声	意木+音嬰	4-5	⑤
	黄(黃) → コウ				
	横(橫)	形声	意木+音黄(黃)〔横木(門)〕	3-7	③
おか	岡	形声	意山+音网彳	5-10	④
オク	屋	会意	家屋の形か(諸説あり)	—	③
	億	形声	意人彳+音意彳〔やすんじる〕	4-12	④
オン	音	形声	「言」からの転注・分化字	—	①
	恩	形声	意心+音因	4-9	⑥
	温(溫)	形声	意水彳+音𥁕〔河川の名〕	2-1	③
カ	下	指事	線の下の小点で「した」を示す	—	①
	化	会意	人とその上下逆転形	—	③
	火	象形	火が燃える様子	A	①
	加	会意	「嘉」からの分化字か(諸説あり)	—	④
	可	形声	意口+音丂彳〔よしとする〕	2-2	⑤
	仮(假)	形声	意人彳+音叚〔代理の人〕	4-2	⑤
	何	形声	意人彳+音何〔人が荷物をになう〕	1-2	②
	花	形声	意艹+音化	4-2	①
	価(價)	形声	意人彳+音賈〔商人が付けた価格〕	2-4	⑤
	果	象形	木に果実がみのった様子	A	④
	河	形声	意水彳+音可	1-2	⑤
	科	形声	意斗+音禾〔斗(ます)で量る〕	3-8	②

206

音読み	文字		成り立ち	表番号・学習年	
	夏	会意	頭と足を強調した人の姿	—	②
	家	形声	意宀+音豭†	4-12	②
	荷	形声	意艹+音何〔蓮の葉〕	1-2	③
	貨	形声	意貝+音化	4-4	④
	過	形声	意辶+音咼	2-4	⑤
	歌	形声	意欠+音哥〔欠は口を開けた人〕	1-2	②
	課	形声	意言+音果〔人を試すこと〕	1-2	④
ガ	我	象形	ノコギリ状の刃物の形	—	⑥
	画(畫)	会意	筆で絵を画く様子	A	②
	芽	形声	意艹+音牙	1-2	④
	賀	形声	意貝+音加〔財貨を贈ること〕	5-3	④
カイ	回	指事	巻いた様子を表す記号表現	—	②
	灰(灰)	会意	手(ナ)で火を持つ様子	—	⑥
	会(會)	会意	甑†に蓋をあわせた様子	B	②
	快	形声	意心忄+音夬	2-4	⑤
	改	形声	意攵+音己〔蛇†を撃ち殺す様子〕	4-5	④
	届(屆) → とどける				
	海(海)	形声	意水氵+音毎(每)	5-6	②
	界	形声	意田+音介〔田畑の境界〕	1-2	③
	械	形声	意木+音戒〔木製の枷〕	1-2	④
	絵(繪)	形声	意糸+音会(會)〔布の刺繍〕	4-2	②
	開	会意	両手で門を開く様子	B	③
	階	形声	意阜阝+音皆	1-2	③
	解	会意	牛を解体して角をはずす様子	A	⑤
かい	貝	象形	子安貝の貝殻の象形	A	①
ガイ	外	亦声	月夕(亦声)と戸外を表す卜	4-13	②
	害(害)	亦声	諸説あり(旧字は丰が亦声)	3-8	④
	街	形声	意行+音圭	5-5	④
カク	各	会意	下向きの足と抽象物体としての口	—	④
	角	象形	牛の角の象形	A	②
	拡(擴)	形声	意手扌+音広(廣)	2-4	⑥
	画(畫) → ガ				

音読み	文字	成り立ち		表番号・学習年	
	革	象形	動物の革の正面形	A	⑥
	格	形声	意木＋音各〔木の枝が伸びること〕	1-2	⑤
	覚(覺)	形声	意見＋音𦥘	3-8	④
	閣	形声	意門＋音各〔門を止めるもの〕	1-2	⑥
	確	形声	意石＋音隺〔硬い石〕	1-2	⑤
ガク	学(學)	形声	意子＋音𦥯〔子供が通う学校〕	3-7	①
	楽(樂)	会意	楽器の形か(諸説あり)	―	②
	額	形声	意頁＋音客〔ひたい〕	5-1	⑤
かた	潟	形声	意水忄＋音舄	2-3	④
カツ	活	形声	意水忄＋音昏忄	2-2	②
	割(割)	形声	意刀忄＋音害(害)	2-4	⑥
ガツ	月→ゲツ				
かぶ	株	形声	意木＋音朱	2-3	⑥
カン	干	象形	武器の象形である単(單)の略体	A	⑥
	刊	形声	意刀忄＋音干〔削ること〕	1-2	⑤
	完	形声	意宀＋音元〔建物の完整〕	5-5	④
	官	会意	軍隊が屋内に宿泊する様子	B	④
	巻(卷)	形声	意卩忄＋音𢍏忄〔膝をまげる〕	4-12	⑥
	看	会意	目に手をかざした様子	―	⑥
	寒	会意	屋内で人が草の布団を被る姿	―	③
	間(間)	会意	門の隙間から月が見える様子	B	②
	幹	形声	𠦝の木(意符)を干(音符)に置換	1-2	⑤
	感	形声	意心＋音咸	5-3	③
	漢(漢)	形声	意水忄＋音𦰩忄〔河川の名〕	2-1	③
	慣	形声	意心忄＋音貫	1-2	⑤
	管	形声	意竹＋音官〔竹製の笛〕	1-2	④
	関(關)	形声	意門＋音䜌	―	④
	館	形声	意食＋音官〔食事を出す宿泊所〕	1-2	③
	簡(簡)	形声	意竹＋音間(間)〔竹の札(竹簡)〕	4-2	⑥
	観(觀)	形声	意見＋音雚	2-1	④
ガン	丸(丸)	会意	体を丸めた人か(諸説あり)	―	②
	元→ゲン				

音読み	文字	成り立ち		表番号・学習年	
	岸	形声	意厂+音干〔厂は崖を表す〕	3-8	③
	岩	会意	「山の石」の表現	—	②
	眼	形声	意目+音艮	5-3	⑤
	顔(顔)	形声	意頁+音彦(彦)	4-5	②
	願	形声	意頁+音原〔大きな顔〕	4-2	④
キ	己→コ				
	危(危)	形声	意卩+音厃〔卩は座りこんだ人〕	3-10	⑥
	机	形声	意木+音几	1-2	⑥
	気(氣)	形声	意米+音气〔穀物を贈る〕	4-2	①
	岐	形声	意山+音支〔山岳の名〕	3-9	④
	希	会意	巾(布)の折り目の様子	—	④
	汽	形声	意水+音气〔水が蒸発すること〕	4-2	②
	季	会意	穀物に関係する神名	—	④
	紀	形声	意糸+音己〔糸すじを分ける〕	4-4	⑤
	記	形声	意言+音己	4-4	②
	起	形声	意走+音己	4-4	③
	帰(歸)	会意	軍務を終え帚(婦人)の元に帰る	—	②
	基	形声	意土+音其〔土台〕	1-2	⑤
	寄	形声	意宀+音奇〔建物に身をよせる〕	1-2	⑤
	規	会意	人が則るべきものか(諸説あり)	—	⑤
	埼→さい				
	崎→さき				
	喜	会意	台に乗せた太鼓か	B	⑤
	揮	形声	意手+音軍〔手をふるう〕	5-8	⑥
	期	形声	意月+音其	4-4	③
	貴	会意	両手で子安貝を持つ様子	—	⑥
	旗	形声	意㫃+音其〔㫃は軍旗の象形〕	1-2	④
	器(器)	会意	器物としての口と犠牲としての犬	B	④
	機	形声	意木+音幾〔弩の発射装置〕	1-2	④
ギ	技	形声	意手+音支	3-9	⑤
	義	亦声	犠牲の羊と鋸状の刃物の我(亦声)	4-5	⑤
	疑	形声	意矣+意止+音子	3-11	⑥

音読み	文字	成り立ち		表番号・学習年	
	議	形声	意言＋音義	1-2	④
キャク	客	形声	意宀＋音各	4-10	③
ギャク	逆	形声	意辶＋音屰	4-2	⑤
キュウ	九	象形	腕を曲げた形(数字は仮借)	—	①
	久	象形	人体の形容か(諸説あり)	—	⑤
	弓	象形	弓の象形	A	②
	旧(舊)	形声	意雈＋音臼(「ふるい」は仮借)	2-1	⑤
	休	会意	人が木にもたれて休んでいる姿	A	①
	吸	形声	意口＋音及	1-2	⑥
	求	象形	祭祀に用いる植物の象形	A	④
	究	形声	意穴＋音九〔穴の底に行きづまる〕	4-2	③
	泣	形声	意水†＋音立	5-4	④
	急(急)	形声	意心＋音及†〔気が急(せ)く〕	2-2	③
	級	形声	意糸＋音及〔機織りの糸の順序〕	1-2	③
	宮	会意	多くの部屋がある建物の形	A	③
	救	形声	意攵＋音求	1-2	⑤
	球	形声	意玉†＋音求	1-2	③
	給	形声	意糸＋音合〔糸を足し合わせる〕	5-5	④
ギュウ	牛	象形	牛の頭部の象形	A	②
キョ	去	会意	人が器物をまたぐ様子	—	③
	居	形声	意尸＋音古〔うずくまる〕	4-5	⑤
	挙(擧)	形声	意手＋音与(與)	5-4	④
	許	形声	意言＋音午	5-5	⑤
ギョ	魚	象形	魚の象形	A	②
	漁	形声	意水†＋音魚	1-2	④
キョウ	共	会意	両手に供物を持った様子	A	④
	京	象形	高い建物の象形	A	②
	供	形声	意人†＋音共	4-2	⑥
	協	形声	意十＋音劦〔十は多数の意味〕	1-2	④
	胸	形声	意肉†＋音匈	1-2	⑥
	強	形声	意虫＋音弘〔昆虫の名〕	5-8	②
	教(敎)	亦声	爻†(亦声)と子と攵から成る	5-9	②

210

音読み	文字	成り立ち		表番号・学習年	
	郷	会意	「卿」からの分化字	B	⑥
	経(經)→ケイ				
	境	形声	意土+音竟(きょう)	4-2	⑤
	橋	形声	意木+音喬(きょう)	1-2	③
	興→コウ				
	鏡	形声	意金+音竟(きょう)	4-2	④
	競	亦声	貴人(竟†=亦声)が並んだ形	5-9	④
ギョウ	行→コウ				
	形→ケイ				
	業	会意	楽器を掛ける道具か(諸説あり)	—	③
キョク	曲	象形	曲がった耕作地の形か(諸説あり)	A	③
	局	形声	意尸+音句†〔人がかがむこと〕	5-10	③
	極	形声	意木+音亟(きょく)〔棟木〕	5-1	④
ギョク	玉	象形	紐でつないだ玉器の象形	A	①
キン	今→コン				
	均	形声	意土+音匀(きん)〔地面をならすこと〕	2-4	⑤
	近	形声	意辶+音斤(きん)	1-2	②
	金	形声	意呂†+意土+音今†	4-12	①
	勤(勤)	形声	意力+音菫(きん)	4-2	⑥
	筋	会意	「竹の肋(あばら)」か	—	⑥
	禁	亦声	神聖な林(亦声)を表す	5-4	⑤
ギン	銀	形声	意金+音艮(ぎん)	5-5	③
ク	九→キュウ				
	口→コウ				
	区(區)	会意	器物を並べて区分けした様子	B	③
	句	形声	意リ+音口†	4-13	⑤
	苦	形声	意艹+音古〔苦い植物〕	4-4	③
グ	具(具)	会意	両手で鼎(かなえ)(目は略体)を持つ形	B	③
クウ	空	形声	意穴+音工〔穴を開けること〕	4-4	①
くま	熊	形声	意火†+音能〔燃やすこと〕	5-6	④
クン	君	亦声	道具を持つ手の尹(いん)(亦声)と器物	5-4	③
	訓	形声	意言+音川	5-4	④

索引 | 211

音読み	文字	成り立ち		表番号	学習年
グン	軍	会意	戦車の円陣を表す	B	④
	郡	形声	意邑阝+音君	3-8	④
	群	形声	意羊+音君〔羊の群れ〕	3-8	④
ケ	化 → カ				
	気 → キ				
	家 → カ				
ゲ	下 → カ				
	外 → ガイ				
	解 → カイ				
ケイ	兄	会意	口または頭部を強調した人	—	②
	形	形声	意彡+音开阝	5-9	②
	系	会意	元はつないだ糸束を持つ形	B	⑥
	径(徑)	形声	意彳+音巠〔小道〕	4-2	④
	京 → キョウ				
	係	形声	意人亻+音系	1-2	③
	型	形声	意土+音刑〔鋳型〕	1-2	⑤
	計	会意	十(数字)を言(口頭)で数える	—	②
	経(經)	形声	意糸+音巠〔織物の縦糸〕	4-2	⑤
	敬	会意	人をいましめる様子	—	⑥
	景	形声	意日+音京〔日光〕	4-2	④
	軽(輕)	形声	意車+音巠〔軽快に走る馬車〕	4-2	③
	警	亦声	言葉で敬める(敬=亦声)	1-2	⑥
	競 → キョウ				
ゲイ	芸(藝)	形声	意芸+音埶〔園芸〕	2-4	④
ゲキ	劇	形声	意刀刂+音豦〔はなはだしい〕	5-7	⑥
	激	形声	意水氵+音敫〔激しい波〕	5-4	⑥
ケツ	欠(缺)	形声	意缶+音夬〔缶は陶器を表す〕	2-4	④
	穴	指事	建物の天井に穴が空いた様子	—	⑥
	血	指事	皿に血を盛った儀礼の様子	B	③
	決	形声	意水氵+音夬〔堤防の決壊〕	2-4	③
	結	形声	意糸+音吉	4-5	④
	潔	形声	意水氵+音絜	1-2	⑤

音読み	文字	成り立ち		表番号・学習年	
ゲツ	月	象形	月の象形	A	①
ケン	犬	象形	犬の象形	A	①
	件	会意	牛や人を数える単位か(諸説あり)	―	⑤
	見	会意	目を強調した人の姿	―	①
	券	形声	意刀+音柔†〔割り符〕	2-2	⑥
	建	会意	廴†と聿で建物の図面を画く様子	B	④
	研(研)	形声	意石+音幵〔砥石〕	3-10	③
	県(縣)	会意	取った敵の首を懸けた様子	B	③
	健	形声	意人†+音建	5-1	④
	険(險)	形声	意阜†+音僉〔険しい山〕	3-9	⑤
	検(檢)	形声	意木+音僉〔表題の木の札〕	3-9	⑤
		間 → カン			
	絹	形声	意糸+音肙	3-9	⑥
	権(權)	形声	意木+音藋〔木の一種〕	5-5	⑥
	憲	形声	意心+音寋〔よい心〕	1-2	⑥
	験(驗)	形声	意馬+音僉〔馬の一種〕	3-9	④
ゲン	元	指事	頭部を強調した人の形	―	②
	言	形声	意口+音辛†	5-9	②
	限	形声	意阜†+音艮〔屋内の遮蔽物〕	5-3	⑤
	原	会意	厂(崖)の泉†(水源)を表す	―	②
	現	形声	意玉†+音見〔玉の輝き〕	3-8	⑤
	減	形声	意水†+音咸〔水が引くこと〕	4-2	⑤
	源	形声	意水†+音原	1-2	⑥
	厳(嚴)	形声	意吅+音厰〔厳命〕	4-10	⑥
コ	己	象形	紐状のものの表現	―	⑥
	戸	象形	家屋の戸の象形	A	②
	古	会意	器物の上に盾を置いた様子	―	②
	呼	形声	意口+音乎	1-2	⑥
	固	形声	意囗+音古〔城を固く守る〕	1-2	④
	故	形声	意攵+音古〔故意〕	1-2	⑤
	個	形声	意人†+音固〔個人〕	1-2	⑤
	庫	亦声	車(亦声)を納める倉庫	2-4	③

音読み	文字		成り立ち	表番号・学習年	
	湖	形声	竜水氵+音胡	1-2	③
ゴ	五	象形	円筒状のものの表現(数字は仮借)	—	①
	午	象形	糸束の象形	—	②
	後	会意	足が縛られた様子か(諸説あり)	—	②
	語	形声	竜言+音吾	1-2	②
	誤	形声	竜言+音呉	1-2	⑥
	護	形声	竜言+音蒦〔監督する〕	5-7	⑤
コウ	口	象形	口の象形(器物としても使用)	A	①
	工	象形	鑿(のみ)の象形	A	②
	公	会意	公宮の前庭の表現	A	②
	功	形声	竜力+音工	4-2	④
	広(廣)	形声	竜广+音黄(黄)〔広い建物〕	3-8	②
	交	象形	人が足の脛(すね)を交差した様子	A	②
	光	会意	人が火をかかげて光を照らす様子	A	②
	向	会意	建物の北向きの窓か(諸説あり)	—	③
	后	会意	人が子を産む様子	B	⑥
	好	会意	女性が子供をいつくしむ様子	B	④
	考(考)	形声	竜耂+音丂〔死去した父親〕	2-1	②
	行	象形	四つ辻の道路の象形	—	②
	孝	会意	子が老人を背負う様子	B	⑥
	効(效)	形声	竜攵+音交	2-1	⑤
	幸	象形	手枷(てかせ)の象形の「㚔(しあわせ)」からの分化字	B	③
	岡 → おか				
	厚	会意	建物の土台の石か(諸説あり)	—	⑤
	皇	形声	竜白+音王〔皇帝の意味は転用〕	5-5	⑥
	紅	形声	竜糸+音工〔赤く染めた布〕	5-1	⑥
	香	会意	穀物(禾)のよい香り	—	④
	後 → ゴ				
	候	形声	竜人亻+音侯亻〔伺う人〕	2-2	④
	校	形声	竜木+音交〔木を組むこと〕	1-2	①
	耕	形声	竜耒+音井〔耒(すき)は農具〕	5-6	⑤
	航	形声	竜舟+音亢	1-2	⑤

音読み	文字	成り立ち		表番号・学習年	
	降	会意	足で階段を降りる様子	—	⑥
	高	会意	高い建築物の象形	A	②
	康	亦声	楽器の庚†と音の小点(庚=亦声)	2-2	④
	黄(黄)	象形	佩玉を帯びた人の姿	—	②
	港(港)	形声	⑤水†+⑥巷	2-1	③
	鉱(鑛)	形声	⑤金+⑥広(廣)	2-1	⑤
	構	形声	⑤木+⑥冓〔木製の構造物〕	1-2	⑤
	興	会意	二人でものを持ち上げる様子	—	⑤
	鋼	形声	⑤金+⑥岡	2-3	⑥
	講	形声	⑤言+⑥冓	1-2	⑤
ゴウ	号(號)	形声	⑤虎+⑥号〔虎のように叫ぶ〕	2-1	③
	合	会意	器物に蓋を合わせた様子	—	②
	郷 → キョウ				
コク	告	会意	祭祀用の器物を吊り下げた様子	B	⑤
	谷	指事	山が左右に分かれた状態の表現	A	②
	刻	形声	⑤刀†+⑥亥	5-7	⑥
	国(國)	形声	⑤囗+⑥或	5-3	②
	黒(黑)	会意	動物の皮か(諸説あり)	A	②
	穀(穀)	形声	⑤禾+⑥殼	2-4	⑥
コツ	骨	形声	⑤肉†+⑥冎	4-9	⑥
コン	今	象形	器物の蓋や建築物の屋根の象形	—	②
	困	会意	門の内外を仕切る横木	—	⑥
	根	形声	⑤木+⑥艮	1-2	③
	混	形声	⑤水†+⑥昆	1-2	⑤
ゴン	言 → ゲン				
サ	左	亦声	左手の形の屮(亦声)と鑿の形	2-2	①
	佐	形声	⑤人†+⑥左	1-2	④
	査	形声	⑤木+⑥且〔木製のいかだ〕	5-6	⑤
	砂	会意	「細かな石」の表現	—	⑥
	茶 → チャ				
	差	形声	⑤𡗗†+⑥左†〔麦が不揃い〕	2-2	④
ザ	座	形声	⑤广+⑥坐〔建物の中の座る所〕	1-2	⑥

音読み	文字	成り立ち		表番号・学習年	
サイ	才	象形	何らかの器物か(諸説あり)	—	②
	再	指事	紐の結び目を二重にする様子	—	⑤
	西 → セイ				
	災	亦声	水害(巛=亦声)と火災の表現	2-2	⑤
	妻	会意	手で髪飾りを持つ女性の姿	B	⑤
	採	形声	意手扌+音釆	1-2	⑤
	済(濟)	形声	意水氵+音斉(齊)〔河川の名〕	5-1	⑥
	祭	会意	手で肉を祭卓に乗せる様子	B	③
	細	形声	意糸+音囟扌〔細い糸〕	4-13	②
	菜	形声	意艹+音釆	1-2	④
	最	会意	被り物を取る様子か(諸説あり)	—	④
	裁	形声	意衣+音戈	1-2	⑥
	際	形声	意阜阝+音祭〔壁の継ぎ目〕	1-2	⑤
さい	埼	形声	意土+音奇〔きし〕	2-3	④
ザイ	在	形声	意土+音才扌	3-11	⑤
	材	形声	意木+音才	3-7	④
	財	形声	意貝+音才	3-7	⑤
	罪	形声	意网罒+音非〔魚を捕る網〕	5-6	⑤
さき	崎	形声	意山+音奇〔けわしい山〕	2-3	④
サク	冊 → サツ				
	作	形声	意人亻+音乍〔人は人為を表す〕	2-4	②
	昨	形声	意日+音乍	5-7	④
	策	形声	意竹+音朿〔竹製の乗馬の鞭〕	4-10	⑥
サツ	冊	象形	竹簡の束の象形	A	⑥
	札	会意	木と札の象形のしか(諸説あり)	—	④
	刷	形声	意刀+音厥扌〔刃物で削ること〕	4-13	④
	殺(殺)	会意	人を撃ち殺す様子	—	⑤
	察	形声	意宀+音祭〔屋根で覆う〕	4-10	④
ザツ	雑(雜)	形声	意衣亻+音集亻〔多色の衣服〕	5-10	⑤
さら	皿	象形	底の浅い器の象形	A	③
サン	三	指事	三本の横線で数字を表示	—	①
	山	象形	連なった山の象形	A	①

音読み	文字	成り立ち		表番号・学習年	
	参(參)	形声	意𠫓+音彡	2-1	④
	蚕(蠶)	形声	意虫+音朁	2-1	⑥
	産(產)	形声	意生+音彦(彥)†	5-10	④
	散	会意	竹の葉を切り散らす様子	B	④
	算	会意	算木をそろえること	B	②
	酸	形声	意酉+音夋〔酸っぱくなった酒〕	5-8	⑤
	賛(贊)	会意	貴重品をすすめること	—	⑤
ザン	残(殘)	形声	意歹+音戔〔害する〕	2-4	④
シ	士	象形	小屋の形か(諸説あり)	—	⑤
	子	象形	子供の象形	A	①
	支	会意	竹の枝を手で持つ様子	—	⑤
	止	象形	足(足首)の象形	A	②
	氏	指事	かがんだ人の手を強調した形	—	④
	仕	形声	意人†+音士	3-7	③
	史	会意	文書を入れた箱を手で持つ形	B	⑤
	司	会意	祭祀の道具か(諸説あり)	—	④
	四	象形	口を大きく開けた形(数字は仮借)	—	①
	市	亦声	足首(止†=亦声)を載せた祭卓	2-2	②
	矢	象形	矢の象形で上部が鏃	A	②
	示 → ジ				
	死	会意	死者の骨とそれを悼む人の様子	B	③
	糸(絲)	会意	旧字の「絲」は糸束を並べた様子	—	①
	至	指事	矢が地面に到達した様子	A	⑥
	自 → ジ				
	志	形声	意心+音士	1-2	⑤
	私	会意	穀物とそれを囲い込む形	1-2	⑥
	使	形声	意人†+音吏	3-9	③
	始	形声	意女+音台〔姓の1つ〕	3-9	③
	姉	形声	意女+音市	1-2	②
	枝	形声	意木+音支	1-2	⑤
	姿(姿)	形声	意女+音次(次)〔女性の容姿〕	3-10	⑥
	思	会意	頭部の象形の囟†と心から成る	—	②

音読み	文字	成り立ち		表番号・学習年	
	指	形声	〔意〕手扌+〔音〕旨	1-2	③
	茨 → いばら				
	師	形声	〔意〕帀+〔音〕𠂤〔帀は巡る意味〕	5-12	⑤
	紙	形声	〔意〕糸+〔音〕氏	1-2	②
	視(視)	形声	〔意〕見+〔音〕示	3-9	⑥
	詞	形声	〔意〕言+〔音〕司	1-2	⑥
	歯(齒)	形声	〔意〕齒+〔音〕止〔齒は歯の象形〕	2-1	③
	試	形声	〔意〕言+〔音〕式	4-8	④
	詩	形声	〔意〕言+〔音〕寺	3-9	③
	資(資)	形声	〔意〕貝+〔音〕次(次)	3-10	⑤
	飼	形声	〔意〕食+〔音〕司	1-2	⑤
	誌	形声	〔意〕言+〔音〕志	1-2	⑥
ジ	示	象形	祭卓(祭祀用の机)の象形	A	⑤
	字	亦声	家の中に子(亦声)がいる様子	3-8	①
	寺	形声	〔意〕寸+〔音〕止扌〔手で持つこと〕	3-11	②
	次(次)	形声	〔意〕欠+〔音〕二〔軍隊の駐屯〕	3-10	③
	耳	象形	耳の象形	A	①
	自	象形	鼻の象形	A	②
	地 → チ				
	似	形声	〔意〕人亻+〔音〕以〔他人に似ること〕	3-9	⑤
	児(兒)	象形	子供の象形か(諸説あり)	—	④
	事	会意	「史・吏」からの分化字	B	③
	治	形声	〔意〕水氵+〔音〕台	3-9	④
	持	形声	〔意〕手扌+〔音〕寺	1-2	③
	時	形声	〔意〕日+〔音〕寺	1-2	②
	滋(滋)	形声	〔意〕水氵+〔音〕茲〔水かさが増すこと〕	3-10	④
	辞(辭)	会意	乱れた糸を刃物で切る様子	—	④
	磁(礠)	形声	〔意〕石+〔音〕茲	3-7	⑥
しか	鹿	象形	鹿の象形	A	④
シキ	式	形声	〔意〕工+〔音〕弋〔工業の規格〕	5-2	③
	色 → ショク				
	織 → ショク				

音読み	文字		成り立ち	表番号・学習年	
	識	形声	意言+音戠	5-2	⑤
シチ	七	指事	縦線を横線で切る形(数字は仮借)	—	①
	質 → シツ				
シツ	失	象形	手から物を落とす形か(諸説あり)	—	④
	室	形声	意宀+音至	5-7	②
	質	会意	抵当を表す(所は諸説あり)	—	⑤
ジツ	日 → ニチ				
	実(實)	会意	家屋に財貨が満ちる様子	—	③
シャ	写(寫)	形声	意宀+音舄〔家の中に物を置く〕	4-8	③
シャ	社(社)	形声	意示+音土〔土地神を祀る施設〕	5-6	②
	車	象形	馬車の車体部分の象形	A	①
	舎	会意	宿泊施設の形か(諸説あり)	—	⑤
	者(者)	会意	器物に枝と伸びた植物を置いた形	—	③
	砂 → サ				
	射	会意	弓で矢を射る様子	A	⑥
	捨	形声	意手扌+音舎	1-2	⑥
	謝	形声	意言+音射	1-2	⑤
シャク	尺	象形	手で長さを計る様子(諸説あり)	—	⑥
	借	形声	意人亻+音昔〔人の力を借りる〕	5-2	④
ジャク	若	会意	祈る人の姿と口(または器物)	B	⑥
	弱	会意	弓が曲がった様子か(諸説あり)	—	②
シュ	手	象形	手(手首)の象形	A	①
	主	会意	火が付いた燭台の表現	A	③
	守	亦声	家(宀)を手(寸≒亦声)で守る	5-13	③
	取	会意	手(又)で耳を取る様子	B	③
	首	象形	人の首(頭部)の象形	A	②
	酒	形声	意水氵+音酉	5-2	③
	株 → かぶ				
	種	形声	意禾+音重	5-4	④
ジュ	受	亦声	手で舟扌(亦声)を受け渡す様子	5-9	③
	授	形声	意手扌+音受	1-2	⑤
	樹	形声	意木+音尌	3-7	⑥

音読み	文字	成り立ち		表番号・学習年	
シュウ	収(收)	形声	意攵+音丩(きゅう)	5-4	⑥
	州	指事	川の中州を示した文字	A	③
	周	会意	「田」の変形と器物の形	—	④
	宗	会意	建物と祭卓で宗廟(そうびょう)を表す	B	⑥
	拾	形声	意手扌+音合	5-6	③
	秋	会意	禾(穀物)(か)と害虫を燃やす火	B	②
	修	形声	意彡+音攸〔飾る〕(ゆう)	5-2	⑤
	終(終)	形声	意糸+音冬(冬)〔糸の終端〕	5-6	③
	習	会意	羽を集める様子か〔諸説あり〕	—	③
	週	形声	意辶+音周	1-2	②
	就	形声	意尤+音豪扌〔尤は手の形〕(ゆう)	2-2	⑥
	衆	会意	日扌の下に多くの人がいる様子	A	⑥
	集	会意	鳥(隹)が木に集う様子	A	③
ジュウ	十	指事	数字の記号表現	A	①
	住	形声	意人扌+音主	5-4	③
	重	亦声	人扌が荷物(東扌=亦声)を持つ形	5-10	③
	従(從)	形声	意彳+意止扌+音从(じゅう)	2-1	⑥
	縦(縱)	形声	意糸+音従(從)〔糸を緩める〕	2-1	⑥
シュク	祝(祝)	形声	意示+音兄扌(しゅく)	2-2	④
	宿	会意	屋内で人が敷物で休んでいる様子	A	③
	縮	形声	意糸+音宿〔繊維が縮む〕	1-2	①
ジュク	熟	形声	意火扌+音孰〔煮る〕(じゅく)	1-2	⑥
シュツ	出	会意	足(止扌)で穴(凵)から出る形	A	①
ジュツ	述	形声	意辶+音朮〔道を行くこと〕(じゅつ)	1-2	⑤
	術	形声	意行+音朮〔道〕(じゅつ)	1-2	⑤
シュン	春	形声	意艹扌+意日+音屯扌(しゅん)	3-11	②
ジュン	純	形声	意糸+音屯〔生糸〕(じゅん)	3-9	⑥
	順	形声	意頁+音川〔人が従うこと〕(じゅん)	5-3	④
	準	形声	意水扌+音隼〔水準(水平)〕(じゅん)	1-2	⑤
ショ	処(處)	亦声	虎面(屯=亦声)の人が座る様子	5-6	⑥
	初	会意	衣服を作る最初に布を切ること	—	④
	所	形声	意斤+音戸〔斧で木を切る音〕	5-6	③

音読み	文字	成り立ち		表番号・学習年	
	書	形声	⦿聿†+⦿者(者)†	5-9	②
	暑(暑)	形声	⦿日+⦿者(者)	5-4	③
	署(署)	形声	⦿网†+⦿者(者)〔網を配する〕	5-4	⑥
	諸(諸)	形声	⦿言+⦿者(者)	4-10	⑥
ジョ	女	象形	女性の姿	A	①
	助	形声	⦿力+⦿且_{じょ}	5-4	③
	序	形声	⦿广+⦿予〔垣^{かき}〕	3-9	⑤
	除	形声	⦿阜†+⦿余〔宮殿の階段〕	3-9	⑥
ショウ	小	指事	小さなものの抽象表現	A	①
	少	亦声	「小」からの分化字(小=亦声)	1-2	②
	正 → セイ				
	生 → セイ				
	招	形声	⦿手†+⦿召〔手招き〕	2-4	⑤
	承	形声	⦿手†+⦿丞†	3-11	⑥
	松	形声	⦿木+⦿公	5-6	④
	昭	形声	⦿日+⦿召〔日光が明るいこと〕	2-4	③
	省 → セイ				
	相 → ソウ				
	将(將)	形声	⦿肉†+⦿寸+⦿爿^{しょう}〔儀礼〕	5-1	⑥
	消	形声	⦿水†+⦿肖〔水が尽きること〕	1-2	③
	笑	形声	⦿竹+⦿夭^{よう}〔犬†が喜ぶ様子〕	3-9	④
	唱	形声	⦿口+⦿昌	1-2	④
	商	会意	王が住む宮殿の表現	B	③
	章	象形	器物の形か(諸説あり)	—	③
	勝	形声	⦿力+⦿朕^{ちん}‡	5-13	③
	焼(燒)	形声	⦿火+⦿堯^{ぎょう}†	3-9	④
	証(證)	形声	⦿言+⦿登†	5-6	⑤
	象	象形	動物の象の象形	—	—
	傷	形声	⦿人†+⦿昜^{よう}†	3-11	⑥
	照	形声	⦿火†+⦿昭	1-2	④
	障	形声	⦿阜†+⦿章〔障子〕	1-2	⑥
	賞	形声	⦿貝+⦿尚^{しょう}	1-2	⑤

音読み	文字	成り立ち		表番号・学習年	
ジョウ	上	指事	線の上の小点で「うえ」を示す	―	①
	条(條)	形声	意木＋音攸〔木の枝〕	5-4	⑤
	状(狀)	形声	意犬＋音爿〔犬の姿〕	5-2	⑤
	乗(乘)	会意	木の上に人が乗っている様子	―	③
	城	形声	意土＋音成	4-2	④
	常	形声	意巾＋音尚	3-7	⑤
	情(情)	形声	意心忄＋音青(青)	5-1	⑤
	場	形声	意土＋音昜	3-9	②
	蒸	形声	意艹＋音烝〔草木を焚いて蒸す〕	1-2	⑥
	縄(繩)	形声	意糸＋音黽	5-4	④
ショク	色	会意	人が手を顔にあてた様子	―	②
	食	会意	穀物を盛った器に蓋をした様子	B	②
	植	形声	意木＋音直	5-2	③
	織	形声	意糸＋音戠	4-2	⑤
	職	形声	意耳＋音戠〔耳で聞いて知る〕	4-2	⑤
シン	心	象形	心臓の象形	A	②
	申	象形	電光(稲妻)の象形	A	③
	臣	象形	目(罒)を縦に向けた形	A	④
	身	亦声	人(千忄=亦声)の腹部を強調	5-9	③
	信	亦声	「人(亦声)の言葉」を表す	3-11	④
	神(神)	形声	意示＋音申	3-9	③
	真(眞)	会意	人(匕)を鼎かなえで烹殺ほうさつする様子	B	③
	針	会意	金と針の象形としての十から成る	―	⑥
	深	形声	意水忄＋音罙	2-4	③
	進	会意	鳥(隹)が飛び進む様子	―	③
	森	会意	木が多くある場所の表現	―	①
	新	形声	意斤＋意木＋音辛	1-2	②
	親	形声	意見＋音亲	2-2	②
ジン	人	象形	立っている人の側面形	A	①
	仁	亦声	人(亦声)の関係を表す	3-11	⑥
ス	素→ソ				
ズ	図(圖)	会意	国土を表す囗と小都市を表す啚	B	②

222

音読み	文字	成り立ち		表番号・学習年	
スイ	水	象形	川の流れの象形	A	①
	垂	会意	花が垂れた様子と土から成る	B	⑥
	推	形声	〔意〕手忄+〔音〕隹	1-2	⑥
スウ	数(數)	形声	〔意〕攵+〔音〕婁〔かぞえる〕	5-4	②
スン	寸	指事	腕の肘の部分を示した文字	—	⑥
セ	世→セイ				
セイ	井	象形	井桁の象形	—	④
	世	象形	木の枝に葉がある様子	B	③
	正	会意	都市に足(止)を向ける形	B	①
	生	指事	地面から草が生える様子	A	①
	成	亦声	武器の戊と都市の形の丁(亦声)	5-9	④
	西	象形	口が締まる袋の象形	—	②
	声(聲)	会意	吊り下げた石磬(声)と撥と耳	B	②
	制	会意	木から伸びた枝を刀で切る様子	—	⑤
	性	形声	〔意〕心忄+〔音〕生	5-2	⑤
	青(靑)	形声	〔意〕丹忄+〔音〕生忄	5-10	①
	政	形声	〔意〕攵+〔音〕正	4-2	⑤
	星	形声	〔意〕日+〔音〕生	5-2	②
	省	形声	〔意〕目+〔音〕生忄	4-12	④
	清(淸)	形声	〔意〕水忄+〔音〕青(靑)	4-2	④
	盛	形声	〔意〕皿+〔音〕成	4-2	⑥
	晴(晴)	形声	〔意〕日+〔音〕青(靑)	5-1	②
	勢	形声	〔意〕力+〔音〕執	2-4	⑤
	聖(聖)	亦声	耳で聞く人の姿(壬が亦声)	5-2	⑥
	誠	形声	〔意〕言+〔音〕成	4-2	⑥
	精(精)	形声	〔意〕米+〔音〕青(靑)〔精米〕	4-2	⑤
	製	形声	〔意〕衣+〔音〕制〔衣服を仕立てる〕	1-2	⑤
	静(靜)	形声	〔意〕争(爭)+〔音〕青(靑)	5-1	④
	整	亦声	いましめ(敕)ただす(正=亦声)	4-2	③
ゼイ	税(稅)	形声	〔意〕禾+〔音〕兌〔税としての穀物〕	3-9	⑤
セキ	夕	象形	「月」からの分化字	A	①
	石	亦声	石(厂忄=亦声)と器物の形	5-13	①

音読み	文字	成り立ち		表番号・学習年	
	赤	会意	大きな火が赤く燃える様子	—	①
	昔	形声	(意)日+(音)災†	5-11	③
	席	形声	(意)巾+(音)石†〔敷物〕	2-2	④
	責	形声	(意)貝+(音)束†〔貢納物の集積〕	4-13	⑤
	潟 → かた				
	積	形声	(意)禾+(音)責〔責の同源字〕	1-2	④
	績	形声	(意)糸+(音)責	1-2	⑤
セツ	切	形声	(意)刀+(音)七	4-5	②
	折	会意	斤(斧)で木†を折る様子	—	④
	接	形声	(意)手†+(音)妾	4-11	⑤
	設	会意	言葉で命令して陳列させること	—	⑤
	雪(雪)	形声	(意)雨+(音)彗†	5-9	②
	節(節)	形声	(意)竹+(音)即(卽)	4-10	④
	説(說)	形声	(意)言+(音)兌	3-9	④
ゼツ	舌	象形	口から舌が出ている形	B	⑥
	絶(絕)	形声	(意)糸+(意)刀+(音)卩†	5-11	⑤
セン	千	象形	「人」を仮借して「一千」を表示	5-9	①
	川	象形	「水」からの分化字	A	①
	先	会意	人†と止†(足の形)から成る	—	①
	宣	形声	(意)宀+(音)亘〔垣を巡らせた建築〕	1-2	⑥
	専(專)	形声	(意)寸+(音)叀〔寸は手の形〕	2-4	⑥
	泉	会意	水源から水が湧く様子	—	⑥
	浅(淺)	形声	(意)水†+(音)戔	2-4	④
	洗	形声	(意)水†+(音)先	1-2	⑥
	染	会意	染料を採取する様子	—	⑥
	船	形声	(意)舟+(音)㕣	3-9	②
	戦(戰)	形声	(意)戈+(音)単(單)	2-4	④
	銭(錢)	形声	(意)金+(音)戔	2-4	⑥
	線	形声	(意)糸+(音)泉	1-2	②
	選	形声	(意)辶+(音)巽	4-5	④
ゼン	全	会意	建築物と鑿の形	—	③
	前	形声	(意)刀†+(音)歬†〔切りそろえる〕	3-11	②

音読み	文字	成り立ち		表番号・学習年	
	善	会意	羊を用いた儀礼か(諸説あり)	—	⑥
	然	会意	犬の肉†を火であぶること	—	④
ソ	祖(祖)	形声	㊡示†+㊟且	4-5	⑤
	素	会意	真新しい絹糸の表現	—	⑤
	組	形声	㊡糸+㊟且	4-5	②
ソウ	早	形声	㊡日+㊟襄†	2-2	①
	争(争)	会意	手でものを争奪する様子	—	④
	走	形声	㊡止†+㊟夭†‡	5-13	②
	宗 → シュウ				
	奏	会意	両手で植物を捧げる様子	—	⑥
	相	会意	木を目で見る様子	—	③
	草	形声	㊡艹+㊟早	1-2	①
	送	会意	物を持って送ることか(諸説あり)	—	③
	倉	会意	屋根と戸と土台がある倉の形	B	④
	巣(巣)	会意	木の上にある鳥の巣	—	④
	窓(窓)	形声	㊡穴+㊟囪	2-1	⑥
	創	形声	㊡刀†+㊟倉〔刀で傷つくこと〕	1-2	⑥
	装(装)	形声	㊡衣+㊟壮(壮)	4-2	⑥
	想	形声	㊡心+㊟相	4-2	③
	層(層)	形声	㊡尸+㊟曽(曾)〔尸は建物として使用〕	3-7	⑥
	総(総)	形声	㊡糸+㊟悤†〔糸を束ねる〕	2-1	⑤
	箱 → はこ				
	操	形声	㊡手†+㊟喿	1-2	⑥
ゾウ	造	形声	㊡辶+㊟告〔いたる〕	5-2	⑤
	象 → ショウ				
	像	形声	㊡人†+㊟象〔人の姿〕	4-2	⑤
	増(増)	形声	㊡土+㊟曽(曾)〔土を積み増す〕	3-10	⑤
	雑 → ザツ				
	蔵(蔵)	形声	㊡艹+㊟臧〔作物を収蔵する〕	3-7	⑥
	臓(臓)	形声	㊡肉†+㊟蔵(蔵)	2-1	⑥
ソク	束	象形	木を束ねた形	—	④
	足	象形	足(脚部全体)の象形	A	①

音読み	文字	成り立ち		表番号	学習年
	則	会意	鼎†の鋳型に刀†で文字を刻む	A	⑤
	息	会意	自(鼻の象形)と心(心臓の象形)	—	③
	速	形声	意辶+音束	1-2	③
	側	形声	意人†+音則〔人の側ら〕	1-2	④
	測	形声	意水†+音則〔水深を測ること〕	1-2	⑤
ゾク	族	会意	軍旗の象形と矢の象形から成る	A	③
	属(屬)	形声	意尾†+音蜀〔尾のように連なる〕	4-2	⑤
	続(續)	形声	意糸+音賣〔糸を継ぎ合せる〕	5-4	④
ソツ	卒	指事	衣服に印をつけた形	—	④
	率	指事	糸を作る様子	—	⑤
ソン	存	形声	意才†+音孫†	3-11	⑥
	村	形声	意木+音寸〔木の一種〕	4-4	①
	孫	会意	代々の子が糸†のように続くこと	B	④
	尊	会意	酒樽(酉)を捧げる様子	B	⑥
	損	形声	意手†+音員〔減損〕	5-6	⑤
ゾン	存→ソン				
タ	太→タイ				
	他	形声	意人†+音也〔他人〕	5-6	③
	多	会意	多くの肉†を並べた様子	B	②
ダ	打	形声	意手†+音丁	4-11	③
タイ	大→ダイ				
	太	亦声	人の正面形の大(亦声)の股を強調	3-8	②
	代→ダイ				
	台(臺)→ダイ				
	対(對)	会意	器物を持つ様子か(諸説あり)	—	③
	体(體)	形声	意骨+音豊	5-2	②
	待	形声	意イ+音寺〔路上で待つこと〕	5-6	③
	退	形声	意辶+音復†‡	5-12	⑥
	帯(帶)	会意	刺繍をした帯の表現	B	④
	貸	形声	意貝+音代	3-8	⑤
	隊	形声	意阜†+音家〔階段から墜ちる〕	5-6	④
	態	形声	意心+音能	3-9	⑤

音読み	文字	成り立ち		表番号・学習年	
ダイ	大	象形	人の正面形	A	①
	代	形声	意人亻＋音弋〔代わりの人〕	5-7	③
	台(臺)	会意	建築物の形	―	②
	第	形声	意竹＋音弟亻〔竹簡の順序〕	4-12	③
	題	形声	意頁＋音是〔ひたい〕	5-4	③
タク	宅	形声	意宀＋音乇	1-2	⑥
タツ	達	形声	意辶＋音羍亻	2-2	④
タン	担(擔)	形声	意手亻＋音詹	5-6	⑥
	単(單)	象形	盾を組み合わせた武器の形	A	④
	炭(炭)	形声	意火＋音岸亻	3-11	③
	探	形声	意手亻＋音罙	2-4	⑥
	短	会意	矢よりも短いことか(諸説あり)	―	③
	誕	形声	意言＋音延〔嘘をつく〕	5-6	⑥
ダン	団(團)	形声	意囗＋音専(專)〔まるめる〕	5-6	⑤
	男	会意	田とそれを耕す耒(力)から成る	A	①
	段	会意	崖に階段を作る様子か(諸説あり)	―	⑥
	断(斷)	会意	斧で糸束を断ち切る様子	―	⑤
	暖	形声	意日＋音爰	5-6	⑥
	談	形声	意言＋音炎	5-6	③
チ	地	形声	意土＋音也	5-4	②
	池	形声	意水亻＋音也	5-4	②
	知	会意	智の略体	―	②
	治→ジ				
	値	形声	意人亻＋音直〔人と出会うこと〕	2-4	⑥
	置	形声	意网亻＋音直〔網を置いて仕掛けること〕	5-7	④
チク	竹	象形	竹の枝の象形	A	①
	築	形声	意木＋音筑〔土を突き固める杵〕	1-2	⑤
チャ	茶	形声	意艹＋音余亻	5-10	②
チャク	着(著)	形声	「箸・著」からの分化字	5-10	③
チュウ	中	象形	軍隊の中央に立てる旗の象形	A	①
	仲	形声	意人亻＋音中	1-2	④
	虫(蟲)	会意	ミミズのような虫が多くいる様子	―	①

音読み	文字	成り立ち		表番号	学習年
	沖	形声	意水冫+音中	1-2	④
	宙	形声	意宀+音由〔屋根の梁〕	5-4	⑥
	忠	形声	意心+音中	1-2	⑥
	注	形声	意水冫+音主	2-4	③
	昼(晝)	形声	意旦+音聿冫	5-8	②
	柱	形声	意木+音主	5-4	③
チョ	著(著)	形声	意艹+音者(者)	5-4	⑥
	貯	形声	意貝+音宁	1-2	⑤
チョウ	丁	象形	もと四角形で城壁などの象形	A	③
	庁(廳)	形声	意广+音聴(聽)	2-1	⑥
	兆	会意	趴の略体か〔諸説あり〕	—	④
	町	形声	意田+音丁〔田のあぜ道〕	4-2	①
	長	象形	長髪の老人の象形	—	②
	帳	形声	意巾+音長〔とばり〕	1-2	③
	張	形声	意弓+音長〔弓の弦を張る〕	1-2	⑤
	頂	形声	意頁+音丁〔頭頂部〕	4-2	⑥
	鳥	象形	鳥の象形	A	②
	朝	会意	日が昇り月がまだ見えている様子	—	②
	腸	形声	意肉冫+音昜	3-9	⑥
	潮	形声	意水冫+音朝	1-2	⑥
	調	形声	意言+音周	5-4	③
チョク	直	指事	目でまっすぐ見る様子	—	②
チン	賃	形声	意貝+音任	3-10	⑥
ツイ	対(對)→タイ				
	追	形声	意辶+音𠂤	4-2	③
ツウ	通	形声	意辶+音甬	5-6	②
	痛	形声	意疒+音甬	5-6	⑥
テイ	丁 →チョウ				
	低	形声	意人冫+音氐〔背の低い人〕	1-2	④
	弟	会意	杙に紐を巻き付けた様子	—	②
	体(體)→タイ				
	定	形声	意宀+音正冫〔定礎か(諸説あり)〕	5-9	③

228

音読み	文字	成り立ち		表番号・学習年	
	底	形声	意广＋音氏〔建物の基礎〕	1-2	④
	庭	形声	意广＋音廷	1-2	③
	停	形声	意人亻＋音亭〔人が留まること〕	1-2	⑤
	提	形声	意手扌＋音是	4-11	⑤
	程	形声	意禾＋音呈〔穀物が伸びる〕	1-2	⑤
テキ	的	形声	意日亻＋音勺〔明るい〕	5-4	④
	笛	形声	意竹＋音由	5-7	③
	適	形声	意辶＋音啻亻〔ゆく〕	4-12	⑤
	敵	形声	意攵＋音啻亻	5-9	⑥
テツ	鉄(鐵)	形声	意金＋音㦹亻	5-10	③
テン	天	指事	人の頭頂部を示した文字	—	①
	典	会意	両手に簡冊を持つ形	A	④
	店	形声	意广＋音占	3-9	②
	点(點)	形声	意黒(黑)＋音占〔黒い点〕	3-9	②
	展	形声	意尸＋音裵亻〔寝転がる〕	2-2	⑥
	転(轉)	形声	意車＋音専(專)	3-9	③
デン	田	象形	耕作地の象形	—	①
	伝(傳)	形声	意人亻＋音専(專)〔人に伝える〕	3-9	④
	電	形声	意雨＋音申亻〔電光(稲妻)〕	5-10	②
ト	土 →ド				
	図(圖) → ズ				
	徒	形声	意彳＋意止亻＋音土	3-10	④
	都(都)	形声	意邑亻＋音者(者)	5-6	③
	登 →トウ				
ド	土	象形	土盛りの象形	A	①
	努	形声	意力＋音奴	1-2	④
	度	形声	意又＋音石亻〔手で長さをはかる〕	5-10	③
トウ	刀	象形	刀の象形	A	②
	冬(冬)	形声	意冫＋音宍亻	2-2	②
	灯(燈)	形声	意火＋音登	2-1	④
	当(當)	形声	意田＋音尚〔田の価値が見合う〕	5-6	②
	投	形声	意手扌＋音殳亻	5-6	③

音読み	文字	成り立ち		表番号・学習年
	豆	象形	食器の豆(高坏)の象形	A ③
	東	象形	筒状の袋の両端を結んだ形	A ②
	島	亦声	海中の山の上に鳥(亦声)がいる	4-13 ③
	討	形声	意言+音寸‡	5-13 ⑥
	党(黨)	形声	意黒(黒)+音尚〔不鮮明〕	5-6 ⑥
	湯	形声	意水†+音昜	5-6 ③
	登	形声	意癶+音蒸†	5-10 ③
	答	形声	意竹+音合〔植物の一種〕	3-9 ②
	等	形声	意竹+音寺〔竹簡の長さを揃える〕	5-6 ③
	統	形声	意糸+音充〔多くの糸をまとめる〕	5-6 ⑤
	糖	形声	意米+音唐	1-2 ⑥
	頭	形声	意頁+音豆	4-2 ②
ドウ	同	会意	容器にものを入れた様子	— ②
	動	形声	意力+音重	5-5 ③
	堂	形声	意土+音尚〔土壇上の建物〕	5-6 ⑤
	童	亦声	袋(東†=亦声)を持つ奴隷	5-9 ③
	道	形声	意辶+音首	5-6 ②
	働	国字	「人†が動く」の意味で作られた	— ④
	銅	形声	意金+音同	1-2 ⑤
	導	形声	意寸+音道〔寸は手を表す〕	1-2 ⑤
トク	特	形声	意牛+音寺〔特に大きな雄牛〕	5-7 ④
	得	形声	意イ+音㝵〔遠方に行って獲得〕	1-2 ⑤
	徳(德)	形声	意イ+意心+音直†	5-10 ④
ドク	毒	会意	屮と毐の会意文字か(諸説あり)	— ⑤
	独(獨)	形声	意犬†+音蜀〔犬を闘わせる〕	5-6 ⑤
	読(讀)	形声	意言+音賣	5-6 ②
とち	栃	国字	もと杤(十(と)と千(ち)をかけて万)の形	— ④
とどける	届(屆)	形声	意尸+音凷〔埋葬か(諸説あり)〕	2-3 ⑥
ナ	奈	形声	意示+音大〔祭祀の一種〕	3-9 ④
ナイ	内	象形	建物の入り口の象形	— ②
なし	梨	形声	意木+音利	2-3 ④
ナン		男 → ダン		

音読み	文字	成り立ち		表番号・学習年	
	南	象形	打楽器の象形	—	②
	難(難)	形声	意隹＋音莫〔鳥名か（諸説あり）〕	3-9	⑥
ニ	二	指事	二本の横線で数字を表示	—	①
ニク	肉	象形	祭祀に用いる切った肉の象形	A	②
ニチ	日	象形	太陽の象形	—	①
ニュウ	入	象形	屋根や蓋の象形	—	①
	乳	会意	女性が子供に授乳する様子	A	⑥
ニョ	女 → ジョ				
ニン	人 → ジン				
	任	形声	意イ＋音壬〔職務の一種〕	3-7	⑤
	認	形声	意言＋音忍	1-2	⑥
ネツ	熱	形声	意火＋音埶	5-4	④
ネン	年	形声	意禾＋音千イ	3-11	①
	念	形声	意心＋音今	5-4	④
	然 → ゼン				
	燃	形声	意火＋音然	3-7	⑤
ノウ	納	形声	意糸＋音内〔布帛か（諸説あり）〕	3-7	⑥
	能	象形	動物の熊の象形	B	⑤
	脳(腦)	形声	意肉イ＋音𡿺	2-1	⑥
	農	会意	もと上部が林イで下部が農具の辰	B	③
ハ	波	形声	意水イ＋音皮	5-5	③
	派	形声	意水イ＋音辰〔支流〕	1-2	⑥
	破	形声	意石＋音皮〔石が砕ける〕	5-5	⑤
バ	馬	象形	馬の象形	A	②
ハイ	貝 → かい				
	拝(拜)	会意	拝礼の様子を表した文字	B	⑥
	背	形声	意肉イ＋音北	4-6	⑥
	肺(肺)	形声	意肉イ＋音巿	4-8	⑥
	俳	形声	意人イ＋音非〔俳優〕	5-5	⑥
	配	会意	酒樽（酉）を配る様子	B	③
	敗	亦声	貝（亦声）を道具で壊す様子	2-3	④
バイ	売(賣)	形声	意出イ＋音買	2-1	②

音読み	文字	成り立ち		表番号	学習年
	倍	形声	意人亻+音咅亻〔人にそむく〕	5-11	③
	梅(梅)	形声	意木+音毎(毎)	3-7	④
	買	会意	網(罒亻)で貝を捕る様子	—	②
ハク	白	象形	親指・ドングリなど諸説あり	—	①
	博(博)	形声	意十+音尃〔十は多数の意味〕	4-8	④
バク	麦(麥)	会意	麦を表す来(來)と足の形の夂	A	②
	幕 → マク				
はこ	箱	形声	意竹+音相〔竹製の箱〕	4-2	③
はた	畑	国字	焼き畑か(諸説あり)	—	③
ハチ	八	指事	分かれたものを表す(数字は仮借)	—	①
ハツ	発(發)	形声	意弓+音癹	2-1	③
ハン	反	会意	石の象形の厂と手の象形の又	—	③
	半	指事	牛亻と八で牛を半分にする様子	B	②
	犯	形声	意犬亻+音㔾亻〔犬の侵入〕	5-11	⑤
	判	形声	意刀亻+音半〔切り分けること〕	3-10	⑤
	坂	形声	意土+音反	4-2	③
	阪	形声	意阜亻+音反	4-2	④
	板	形声	意木+音反	5-5	③
	版	形声	意片+音反〔片は木片を表す〕	5-5	⑤
	班	会意	刀亻で玉を切り分ける様子	B	⑥
	飯	形声	意食+音反	5-1	④
バン	万(萬) → マン				
	判 → ハン				
	板 → ハン				
	晩	形声	意日+音免	4-6	⑥
	番	形声	意田+音釆〔播種〕	5-5	②
ヒ	比	会意	人の後ろに人が並んでいる様子	B	⑤
	皮	会意	動物の皮(克亻)を手(又)で剥ぐ	A	③
	否	形声	意口+音不	4-4	⑥
	批	形声	意手亻+音比〔平手で叩く〕	1-2	⑥
	肥	会意	肉亻と㔾亻で太った人を表す	—	⑤
	非	会意	人が背を向けた様子	—	⑤

232

音読み	文字	成り立ち		表番号・学習年	
	飛	象形	飛んでいる鳥の象形	—	④
	秘(祕)	形声	意示+音必〔神秘〕	4-8	⑥
	悲	形声	意心+音非	1-2	③
	費	形声	意貝+音弗	4-8	④
ビ	美	会意	羊の角の飾りを付けた人の姿	—	③
	備	亦声	人が箙(葡=亦声)を背負う形	2-2	⑤
	鼻(鼻)	形声	意自+音畀〔自は鼻の象形〕	3-8	③
ヒツ	必	指事	杙(弋)の柄を示した文字	—	④
	筆	形声	意竹+音聿	5-6	③
ヒャク	百	象形	「白」を仮借して「一百」を表示	5-1	①
ヒョウ	氷(冰)	形声	意水+音冫	2-1	③
	表	会意	毛皮の衣服のうち毛†がある表側	B	③
	俵	形声	意人†+音表〔多くの人で山分け〕	1-2	⑥
	票	会意	火の粉が舞い上がる様子	—	④
	評	形声	意言+音平	3-10	⑤
	標	形声	意木+音票	1-2	④
ビョウ	平 → ヘイ				
	秒	形声	意禾+音少〔穀物の芒(のぎ)〕	3-9	③
	病	形声	意疒+音丙(へい)	5-1	③
ヒン	品	会意	多くの器物(口)を並べた様子	—	③
	貧	形声	意貝+音分	5-5	⑤
ビン	便 → ベン				
	貧 → ヒン				
フ	不	象形	花弁の象形(否定の用法は仮借)	—	④
	夫	象形	簪(かんざし)を付けた男性の正面形	B	④
	父	会意	道具を持った手の形	—	②
	付	会意	人†に手(寸)で物を与える様子	—	④
	布	形声	意巾+音父†	2-2	⑤
	府	形声	意广+音付〔文書を納める倉〕	1-2	④
	阜	象形	階段の象形	A	④
	負	会意	人が貝を背負っている様子	—	③
	婦(婦)	形声	意女+音帚‡	5-12	⑤

音読み	文字	成り立ち		表番号	学習年
	富	形声	意宀+音畐	4-8	④
ブ	分→ブン				
	武	会意	武器の戈†を持ち足(止)で進む	B	⑤
	歩→ホ				
	部	形声	意邑†+音杏†〔都市の名〕	5-11	③
	無→ム				
フウ	風	形声	意虫+音凡(凡)†〔信仰の対象〕	5-11	②
フク	服(服)	形声	意及+音凡(凡)†〔服従〕	5-11	③
	副	形声	意刀†+音畐〔切り分ける〕	1-2	④
	復	形声	意イ+音复	1-2	⑤
	福(福)	形声	意示+音畐	2-1	③
	腹	形声	意肉+音复	1-2	⑥
	複	形声	意衣+音复〔重ね着〕	1-2	⑤
ブツ	仏(佛)	形声	意人†+音弗〔よく似ている人〕	5-5	⑤
	物	形声	意牛+音勿〔牛の一種〕	4-11	③
フン	分→ブン				
	粉	形声	意米+音分	2-4	⑤
	奮	会意	田の上を隹(鳥)が大いに飛ぶ	—	⑥
ブン	分	指事	刀で物体を切り分ける様子	—	②
	文	象形	入れ墨(文身)をした人の姿	A	①
	聞	形声	意耳+音門	4-5	②
ヘイ	平(平)	指事	于と八から成る(字源は諸説あり)	—	③
	兵	会意	両手で斧(斤†)を持つ様子	B	④
	並(竝)	会意	立った人(立)が並んだ様子	A	⑥
	陛	形声	意阜†+音坒〔堂室に昇る階段〕	4-10	⑥
	閉	会意	門で門を閉じた様子	—	⑥
ベイ	米	象形	穀物の穂の象形	—	②
ベツ	別	会意	骨の象形の冎を刀で切る様子	—	④
ヘン	片	象形	木片を表す	—	⑥
	辺(邊)	形声	意辶+音臱	2-1	④
	返	形声	意辶+音反	4-11	③
	変(變)	形声	意夂+音䜌	5-6	④

音読み	文字	成り立ち		表番号・学習年	
	編	形声	意糸＋音扁	1-2	⑤
ベン	弁(辨瓣辯)	形声	旧字体はいずれも「辡」が音符	2-1	⑤
	便	会意	人の不便を更めること	―	④
	勉	形声	意力＋音免	3-7	③
ホ	歩(步)	会意	左右の足(止)で進む様子	―	②
	保	会意	人が子供を背負った様子	B	⑤
	補	形声	意衣忄＋音甫〔衣服を繕う〕	1-2	⑥
ボ	母	象形	乳房のある女性の象形	A	②
	墓	形声	意土＋音莫	4-8	⑤
	暮	形声	意日＋音莫	4-8	⑥
	模 → モ				
ホウ	方	象形	首枷をつけた人か(諸説あり)	―	②
	包(包)	会意	子供を妊娠した人を表す	―	④
	宝(寶)	形声	意寶忄＋音缶	4-5	⑥
	放	形声	意攵＋音方	1-2	③
	法	会意	もと「灋」で動物を川に捨てること	B	④
	訪	形声	意言＋音方	1-2	⑥
	報	会意	手かせに捕えられた人の姿	B	⑤
	豊(豐)	会意	玉器と楽器で儀礼の様子を表現	―	⑤
ボウ	亡	象形	死去した人が埋葬された様子	B	⑥
	忘	形声	意心＋音亡	3-7	⑥
	防	形声	意阜忄＋音方〔堤防〕	3-8	⑤
	望(望)	形声	意月＋意壬＋音亡	3-7	④
	棒	形声	意木＋音奉	4-6	⑥
	貿	形声	意貝＋音卯忄	2-4	⑤
	暴	会意	毛皮を日に曝す様子	―	⑤
ホク	北	会意	人が背を向けた様子	―	②
ボク	木	象形	立ち木の象形	A	①
	牧	会意	手に持った棒で牛を追う様子	B	④
ホン	本	指事	木の根元を示した文字	A	①
マイ	毎(每)	象形	髪飾りを強調した女性の姿	―	②
	米 → ベイ				

音読み	文字		成り立ち		表番号・学習年	
	妹	形声	意女+音未		4-5	②
	枚	会意	道具で木を加工する様子		B	⑥
マク	幕	形声	意巾+音莫		4-8	⑥
マツ	末	指事	木の枝の末端を示したもの		A	④
マン	万(萬)	象形	蠆(さそり)の象形(数字は仮借)		—	②
	満(滿)	形声	意水氵+音㒼		4-2	④
ミ	未	象形	木の枝が伸びる様子		—	④
	味	形声	意口+音未		1-2	③
ミツ	密	形声	意山+音宓〔山の奥深い場所〕		4-11	⑥
ミャク	脈	亦声	体内(肉月)の流れ(𠂢=亦声)		5-4	⑤
ミョウ	名→メイ					
	命→メイ					
	明→メイ					
ミン	民	会意	奴隷の目を潰す様子		B	④
ム	武→ブ					
	務	形声	意力+音敄		3-7	⑤
	無	象形	飾りを付けた人が舞う様子		B	④
	夢(夢)	形声	意夕+音瞢		4-2	⑤
メイ	皿→さら					
	名	会意	夜間の祭祀の様子		—	①
	命	会意	口(口頭)で命令すること		B	③
	明	会意	日と月が見える明け方の様子		B	②
	迷	形声	意辶+音米		4-10	⑤
	盟	形声	意皿+音明〔儀礼の一種〕		4-2	⑥
	鳴	会意	鳥が口で鳴く様子		—	②
メン	面	会意	顔面の表現		A	③
	綿	会意	帛(絹)のわた		—	⑤
モ	模	形声	意木+音莫〔木型〕		4-8	⑥
モウ	毛	象形	毛の生えた尾の象形		A	②
	望(朢)→ボウ					
モク	木→ボク					
	目	象形	目の象形		A	①

音読み	文字	成り立ち		表番号・学習年	
モン	文→ブン				
	門	会意	両開きの戸がある門の形	A	②
	問	形声	意口+音門	1-2	③
	聞→ブン				
ヤ	夜	形声	意夕+音亦†	4-13	②
	野	形声	意里+音予	4-10	②
ヤク	役	会意	武器を持って地方を守備すること	—	③
	約	形声	意糸+音勺〔糸を束ねる〕	3-9	④
	訳(譯)	形声	意言+音睪	4-2	④
	薬(藥)	形声	意艹+音楽(樂)	3-9	③
ユ	由	象形	何らかの器物か(諸説あり)	—	③
	油	形声	意水†+音由	4-2	③
	輸(輸)	形声	意車+音兪	2-1	⑤
ユウ	友	亦声	手の形の又(亦声)を重ねた様子	1-2	②
	右→ウ				
	由→ユ				
	有	亦声	手(又†=亦声)で肉†を持つ様子	4-12	③
	勇(勇)	形声	意力+音甬	4-2	④
	郵	会意	垂†(辺境)に置かれた駅舎	—	⑥
	遊	形声	意辶+音斿〔でかける〕	4-2	③
	熊→くま				
	優	形声	意人†+音憂〔俳優〕	1-2	⑥
ヨ	予(豫)	形声	意象+音予〔大きな象〕	2-1	③
	余(餘)	形声	意食+音余〔食事の余り〕	2-1	⑤
	預	形声	意頁+音予〔たのしむ〕	1-2	⑥
ヨウ	幼	会意	力(耒)を使った儀礼	—	⑥
	用	象形	桶の象形	—	②
	羊	象形	羊の頭部の象形	A	③
	洋	形声	意水†+音羊	1-2	③
	要	象形	腰を強調した女性の姿	—	④
	容	形声	意宀+音谷〔建物に物を入れる〕	4-9	⑤
	葉	形声	意艹+音枼	1-2	③

音読み	文字	成り立ち		表番号・学習年	
	陽	形声	意阝阜†+音易〔日の当たる丘〕	1-2	③
	様(樣)	形声	意木+音羕〔栩の実〕	2-1	③
	養	形声	意食+音羊†	1-2	④
	曜(曜)	形声	意日+音翟〔日の輝き〕	5-7	②
ヨク	浴	形声	意水†+音谷	2-4	④
	欲	形声	意欠+音谷〔欠は口を開けた人〕	2-4	⑥
	翌	形声	意羽+音立〔原義は翼〕	5-4	⑥
ライ	来(來)	象形	麦(麥)の象形	A	②
ラク	落	形声	意艹+音洛	1-2	③
	楽(樂) → ガク				
ラン	乱(亂)	亦声	乙†(=糸)が乱れる(㐭=亦声)	2-1	⑥
	卵	象形	魚類か両生類の卵の象形	A	⑥
	覧(覽)	形声	意見+音監†	3-11	⑥
リ	利	会意	穀物(禾)を刀†で収穫する様子	B	④
	里	会意	田と土で人が住む「さと」を表す	A	②
	理	形声	意玉†+音里〔玉を加工する〕	1-2	②
	梨 → なし				
	裏	形声	意衣†+音里〔衣服の裏側〕	1-2	⑥
リキ	力 → リョク				
リク	陸	形声	意阝阜†+意土+音坴†〔高地〕	1-2	④
リツ	立	指事	地上に人が立っている様子	A	①
	律	形声	意彳+音聿〔公布か(諸説あり)〕	3-9	⑥
	率 → ソツ				
リャク	略	形声	意田+音各〔土地の経営〕	5-6	⑤
リュウ	流	会意	水†と子が生まれる様子の荒	—	③
	留	形声	意田+音卯〔田畑に留まった水〕	2-4	⑤
リョ	旅	会意	軍旗の下に多くの人が集う様子	B	③
リョウ	両(兩)	象形	馬具の形か(諸説あり)	—	③
	良	象形	篩の形か(諸説あり)	—	④
	料	会意	米を斗(柄杓)ではかる	—	④
	量	指事	袋(東†)の口を示した形	A	④
	領	形声	意頁+音令〔うなじ〕	4-2	⑤

音読み	文字	成り立ち		表番号・学習年	
リョク	力	象形	農具の耒(すき)の象形(「耒」の略体)	A	①
	緑(綠)	形声	[意]糸+[音]彔〔緑色の布〕	4-6	③
リン	林	会意	多くの木がある様子	—	①
	輪	形声	[意]車+[音]侖	2-4	④
	臨	会意	人が目で多くの器物を見る様子	—	⑥
ルイ	類(類)	形声	[意]犬+[音]頪〔似た犬(諸説あり)〕	4-5	④
レイ	令	会意	屋内で命令を受ける人の様子	B	④
	礼(禮)	形声	[意]示+[音]豊	4-12	③
	冷	形声	[意]冫+[音]令	1-2	④
	例	形声	[意]人†+[音]列〔似ている人〕	4-8	④
レキ	歴(歷)	形声	[意]止+[音]厤〔歩いて過ぎる〕	2-1	④
レツ	列	形声	[意]刀†+[音]歺†〔刀で分解する〕	2-2	③
レン	連	形声	[意]辶+[音]䏍†〔荷車が連なる〕	2-2	④
	練(練)	形声	[意]糸+[音]柬〔柔らかくした絹糸〕	5-6	③
ロ	路	形声	[意]足+[音]各	5-7	③
ロウ	老	象形	杖をついた老人の姿	—	④
	労(勞)	会意	火が燃えるように力を尽くす	—	④
	朗(朗)	形声	[意]月+[音]良〔月が明るい〕	4-5	⑥
ロク	六	象形	屋根を強調した建物(数字は仮借)	—	①
	鹿 → しか				
	録(錄)	形声	[意]金+[音]彔〔緑色の金属〕	2-1	④
ロン	論	形声	[意]車+[音]侖	2-4	⑥
ワ	和	形声	[意]口+[音]禾〔歌唱の調和〕	3-7	③
	話	形声	[意]言+[音]昏†〕	5-9	②

東方選書

漢字の音 中国から日本、古代から現代へ　　　　東方選書 �57

2022年1月31日　初版第1刷発行

編著者…………落合淳思
発行者…………山田真史
発行所…………株式会社東方書店
　　　　　　　東京都千代田区神田神保町1-3　〒101-0051
　　　　　　　電話(03)3294-1001
　　　　　　　営業電話(03)3937-0300
ブックデザイン…鈴木一誌・吉見友希
組版……………三協美術
印刷・製本………(株)シナノパブリッシングプレス

定価はカバーに表示してあります
©2022 Ochiai Atsushi　Printed in Japan

ISBN 978-4-497-22201-5　C1387